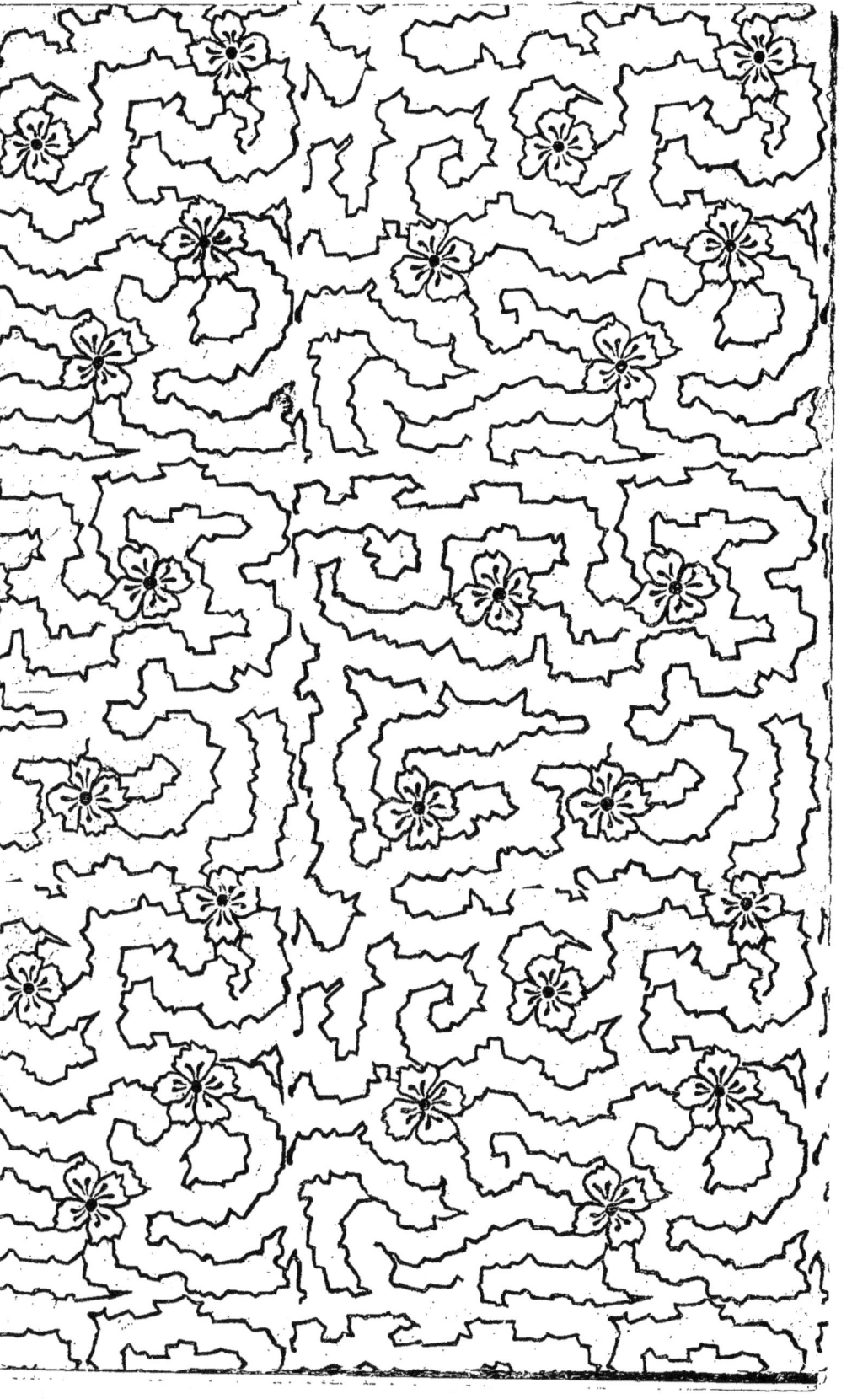

ÉMILE ROUX

1844-1889

PARIS
ARMAND COLIN ET Cie, ÉDITEURS
5, RUE DE MÉZIÈRES

ÉMILE ROUX

COULOMMIERS

Imprimerie PAUL BRODARD.

ÉMILE ROUX

1844-1889

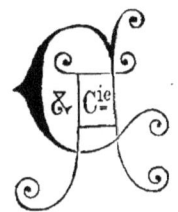

PARIS
ARMAND COLIN ET Cie, ÉDITEURS
5, RUE DE MÉZIÈRES

Tous droits réservés.

ÉMILE ROUX

Émile-Eugène ROUX, né à Jougne (Doubs), le 8 septembre 1844, fit ses premières études au collège de l'Arc, à Dôle, — les acheva au collège Sainte-Barbe et à l'École de droit.

1871. Secrétaire de M. Casimir Périer, ministre de l'Intérieur.

1872. Chef du cabinet de M. Calmon, préfet de la Seine.

1873. Chef de bureau à la préfecture de la Seine.

1874. Chef du bureau du contentieux.

1877. Chef de la 2ᵉ division de l'administration générale.

1879. Chef de division de 2ᵉ classe.

1880. Sous-directeur des affaires départementales, chevalier de la Légion d'honneur.

1881. Élu conseiller général du Doubs.

1886. Directeur des affaires départementales du département de la Seine, — mort le 18 décembre 1889.

ÉMILE ROUX

Lorsqu'Émile Roux arriva au collège Sainte-Barbe, dans les premiers jours d'octobre 1862, il y venait pour se préparer à l'École Normale. Il fut donc admis dans l'étude dite de *Baldé*, rue de Reims, où une vingtaine de jeunes gens, tous, comme lui, boursiers du collège, travaillaient en vue du même concours.

Roux s'assit à côté de Dutasta, le futur maire de Toulon, alors grand dépêcheur de dissertations latines, se prit la tête dans les mains et commença par faire un long somme. Au réveil, il entra vivement en propos avec ses voisins : il était, disait-il, très triste d'avoir quitté son pays, Jougne, près de Pontarlier, un admirable pays, sur l'extrême frontière suisse, avec tant de montagnes et de si belles forêts de sapins! Il n'était pas encore consolé d'en être parti ; il y aurait vécu heureux pourvu qu'il eût souvent des chevaux à conduire, mais ses maîtres lui avaient conseillé de poursuivre ses études, de venir à Sainte-Barbe. Il sortait du collège de l'Arc, à Dôle, il y avait eu tous les prix ; il ne tarissait pas d'éloges sur le professeur de rhétorique qu'il avait eu la bonne fortune d'y rencontrer. On souriait, à Dôle ! « Oui, reprenait-il, montrant déjà l'ardeur qu'il devait toujours mettre à défendre ceux qu'il aimait, oui, malgré sa jeunesse, mon régent vaut bien vos professeurs de Paris ; vous verrez, vous verrez, il fera parler de lui, souvenez-vous de son nom, il s'appelle Alfred Fouillée. »

Huit jours après, le nouveau barbiste comptait dans l'étude autant d'amis que de camarades, bien qu'avec de vifs mouvements d'expansion il eût l'abord assez rude et se tînt volontiers sur la réserve. Il venait d'avoir dix-huit ans. L'allure générale était chez lui plutôt rustique : une figure maigre sur de larges épaules ; des gestes non pas gauches ni timides, mais souvent brusques et toujours sans contrainte ; des traits irréguliers, mais un beau front, large, bien encadré, et des yeux d'un bleu très clair où se lisaient l'intelligence et la loyauté.

Cependant É. Roux fut d'abord un peu perdu parmi la centaine d'élèves qui composaient alors une classe de rhétorique au lycée Louis-le-Grand. Il écoutait plus qu'il ne produisait; il n'aimait pas les longues applications à une même tâche; il regardait tout autour de lui comme pour s'orienter dans ce monde nouveau ; les jours de sortie il parcourait dans tous les sens ce Paris où il ne connaissait pas alors dix personnes, où il devait quinze ans plus tard connaître tout le monde : il avait le pied montagnard, qui devient facilement le pied parisien.

Rentré au collège il s'oubliait en de vastes lectures, de Lamartine, dont il raffolait, de Virgile, dont il savait les Géorgiques par cœur. A la fin de l'année, il était d'emblée admissible à l'École Normale et, s'il n'arrivait pas, après une si rapide préparation, au succès définitif, il passait du moins avec honneur les examens oraux.

Pendant son année de philosophie il fut déjà visible que l'antiquité ne le retiendrait pas longtemps. Il avait toujours l'oreille ouverte aux bruits du monde contemporain. Toute la jeunesse d'ailleurs se passionnait en ce temps-là pour les grandes luttes politiques. On eût été mal venu à parler au Quartier latin de scepticisme et de décadence.

On y saisissait toutes les occasions pour acclamer les chefs du parti libéral. Les élections de 1863 venaient de ranimer toutes les espérances. A Sainte-Barbe même, des maîtres comme Eugène

Despois échauffaient les jeunes cœurs de sentiments républicains. É. Roux avait pris feu bien vite et délaissé le *Conciones* pour les discours de Thiers, de Jules Favre, d'Ernest Picard. Il attendait impatiemment la fin de la semaine, pour sortir sans doute, mais surtout pour lire l'article du *Courrier du Dimanche*, alors dans toute son action. Ayant appris que Prévost-Paradol passait souvent à telle heure sur le quai Voltaire, il fit une fois un long détour pour aller exprès se mettre sur son passage et lui faire un profond salut. Je vois encore le sourire étonné et aimable de Prévost-Paradol répondant à cette manifestation inattendue de deux collégiens.

La classe souffrait bien un peu de ces généreuses distractions, mais l'excellent professeur, M. Charles, n'en avait pas moins remarqué Roux, reconnu la finesse et la clarté de son esprit. Il l'envoya au concours général et Roux y obtint, au mois d'août 1864, le second prix de dissertation latine. Il s'agissait de démontrer qu'Aristote avait eu raison d'appeler l'homme « un animal politique ». Sur ce sujet il avait battu, entre autres concurrents, le jeune prince Victor de Broglie et Camille Pelletan.

Au mois de novembre 1864, il prenait ses premières inscriptions à l'École de droit de Paris, mais sans dire encore adieu à l'étude des lettres anciennes. Il suivait à Sainte-Barbe des cours préparatoires à la licence professés par Despois, par Vacherot ; il était resté lié avec ses camarades admis à l'École Normale et l'un d'eux passait toutes les matinées du dimanche à expliquer avec lui les discours de Cicéron. Roux était très fier de débrouiller pour sa part les difficultés juridiques. A la fin de l'année il était reçu licencié ès lettres, sans préjudice des premiers examens de droit aussi heureusement subis.

Il devait continuer ainsi, jusqu'en 1870, le rude labeur de l'étudiant obligé de donner des répétitions.

« Te voilà donc négociant, écrivait-il, le 18 octobre 1865 à l'un de ses meilleurs amis, te voilà commerçant, homme sérieux et rangé, occupant une place dans la société, presque électeur et éligible... J'échangerais volontiers ma place dans ce monde contre la tienne, moi qui dois encore rester deux ans sur les bancs d'une école, et après ? Après ! c'est l'avenir, le vague, l'incertain. Je n'ai pas comme toi un petit bureau bien chaud qui m'attend, où je n'aurais qu'à faire mes petites affaires, sans préoccupation de savoir si, où, quand, comment et de quoi je vivrai.

« Tu t'apercevras que je suis triste et inquiet

aujourd'hui. Cela m'arrive quelquefois et je ne puis me montrer autrement que je ne suis. Je sens la fin de mes vacances approcher rapidement; je vois le brouillard, le givre, le froid, la neige qui font tomber les feuilles par milliers et chassent les vaches de nos chalets. Tout cela me fait songer à Paris et à l'avenir qui m'apparaît tantôt facile et gai, tantôt pénible, laborieux et triste. Il est bien dur d'avoir à se faire seul sa place au soleil, surtout en ce temps-ci où tant de gens se pressent du même côté. Heureusement, j'ai encore ce brave Paris pour deux ans, ce qui me représente certainement de grandes fatigues, mais aussi de bien doux moments, de vieilles amitiés à cultiver, de douces habitudes à reprendre, d'agréables émotions à éprouver, d'aimables relations à renouer, etc. J'en passe. Dans la suite, advienne que pourra! »

Trois mois après, le 16 décembre 1865, il traçait le tableau suivant de la vie qu'il s'était imposée dans *ce brave Paris* :

« Le matin de huit à onze heures, je suis au cours, à l'École; à midi, je vais au Palais de justice, puis chez l'avoué où je travaille jusqu'à cinq heures et demie. Enfin il ne me reste que ma soirée pour pâlir sur mes codes. Je vais en général veiller à la Bibliothèque ou au cabinet de lecture, car j'ai chez moi très peu de livres de droit, lesquels coûtent fort cher. Ajoute à cela ma leçon hebdomadaire et dominicale du père Bugnet, une conférence du lundi soir où je vais m'exercer à plaider et tu jugeras par là de l'activité de mon existence...

« Les plaisirs du Quartier latin ne sont pour moi qu'un mythe, une utopie, une entité métaphysique. »

Sa bonne humeur au fond n'en était guère altérée. Plus d'une fois au contraire il était le boute-en-train à cette pension bien connue du Quartier latin, où la *table franc-comtoise* vit tant et de si copieuses parties de rires et de chansons. C'était une fête d'y être invité. On était sûr de n'y rencontrer que des hommes de cœur et des gens d'esprit, laborieux, actifs, confiants en leur force, aimant dès ce temps-là avec passion la République, se plaisant à vivre ensemble parce qu'ils avaient tous un égal dédain pour les plates intrigues et un parfait mépris pour les affaires d'argent. Bien des années après, les convives de la pension se retrouvaient encore quelquefois autour de la table toujours joyeuse ; les étudiants de jadis avaient grisonné : députés, sénateurs, ministres, ambassadeurs, membres de l'Institut, hauts fonctionnaires, ils redevenaient pour une soirée insouciants et rieurs en écoutant les mêmes bonnes histoires et les mêmes bonnes chansons qu'autrefois. Puis la vie et surtout la mort, hélas ! ont fini par tout disperser.

« Cette nuit, écrivait Roux, le 24 décembre 1875, nous célébrons la solennité classique du Réveillon. Je ne sais si cette institution s'est conservée à Jougne ; ici, nous n'y manquerions pas pour un empire. Notre pension va prendre un air de fête jusqu'au matin. Il faut toujours profiter des occasions de se divertir car, comme dit une chanson espagnole sur la nuit de Noël :

« La bonne nuit vient — la bonne nuit s'en va. Et nous aussi nous en allons — mais nous ne revenons pas. »

Au mois de mai 1870, après avoir pris une part active aux luttes de l'opposition pendant les élections de 1869 et la préparation du plébiscite, É. Roux s'était remis tout entier à son travail d'étudiant, d'avocat stagiaire, de répétiteur de droit.

« Il est peu drôle de faire le métier que je fais, mais depuis le four plébiscitaire, je me suis dit, avec le grand Hugo :

> A présent que c'est fait, dans l'avilissement
> Arrangeons-nous chacun notre compartiment. »

De terribles orages allaient troubler le calme auquel il tâchait de se résigner.

Le 13 juillet 1870, il reçoit une dépêche de Jougne : tout le village était en feu et la maison paternelle anéantie.

« Tu ne peux te faire une idée de ce feu, écrivait-il deux jours après à G. G. Il a brûlé les pierres, les champs, les jupes des femmes qui fuyaient. Tout le monde était au moment de manger, à midi, faisant les foins ou prêt à sortir, sans autre vêtement qu'une chemise, et un pantalon ou une jupe. Voilà les pauvres gens dont nous avons toute la journée à accueillir les réclamations et à entendre les gémissements.

« Nous sommes campés sur la place, nous tuons une vache et nous faisons de grands bouillons pour toute la population affamée.

« Nous faisons la police nous-mêmes. Si tu me voyais à mon comptoir, sur la place, tu me prendrais pour un écrivain public. Je t'écris de moment en moment, car j'ai une correspondance effroyable avec le préfet, les maires, les parents des incendiés, etc. Mais je ne manque pas de courage, je travaille sans penser au malheur. »

A ce moment pourtant il ne concevait pas de plus grand malheur possible ; or cette lettre est datée du 15 juillet 1870, le jour même de la déclaration de guerre. Moins d'un mois après, le 13 août 1870, Roux écrivait au même ami :

« Moi aussi, je vais avoir ma feuille de route. Je suis de la grande fournée de vingt-cinq à trente-cinq ans. Nous n'avons devant nous que les balles prussiennes. Je n'ai point peur de la mienne et, s'il le faut, je m'en irai content d'avoir fait toute ma vie mon devoir de citoyen, en votant, parlant et combattant. »

Après le 4 septembre, un ancien camarade du Quartier latin, déjà pourvu d'une sous-préfecture, se faisait fort de l'aider à obtenir un secrétariat général. Roux éludait très simplement la proposition et écrivait à un autre ami déjà sous les drapeaux :

« J'ai la rage de voir à mon tour le feu et je n'admets pas qu'on ait le droit de se dire républicain sans avoir travaillé à sauver la République *unguibus et rostro.* »

Il fit donc campagne dans l'Est, avec les hommes de son pays, comme sergent dans la garde mobilisée du Doubs, 6ᵉ compagnie, 2ᵉ bataillon, 3ᵉ légion.

Quelques fragments de ses lettres le montreront accomplissant alors, comme toujours, son devoir avec entrain et simplicité :

Doups, 11 décembre 1870.

Cher ami,

Je vois que nous ne faisons que bivouaquer dans les environs de Pontarlier, sans savoir si nous allons à Belfort, ou Besançon.

Je t'écris dans la salle d'école d'une petite commune perdue dans les neiges. A ma droite est une vache découpée en morceaux, que mon frère, élu cuisinier de la compagnie au suffrage universel, est en train de transporter dans une immense marmite. Autour du fourneau, les hommes de ma compagnie fument leurs pipes et dégèlent leurs souliers, après vingt kilomètres de marche dans la neige jusqu'aux genoux ; au dehors silence morne, entrecoupé seulement par le rappel des clairons et trois pieds de neige en pleine chute, et les blancs flocons tombent toujours !

Quel mouvement, cher ami! et combien il y a dans les armées de souffrances, de douleurs silencieuses, d'ennuis de détail que l'on ne connaîtra jamais.

Quant à moi, je t'assure que j'ai eu de la peine à me faire au métier les premiers jours. Ce n'est cependant ni de la faim, ni de la fatigue que je me plains. Qu'est-ce que tout cela en comparaison des misères des bords de la Loire?

Et quels braves gens que nos chers Parisiens! Héroïques sans phrases, ils forcent la province à les admirer sans restriction. Que je voudrais donc être avec eux! Sans cet incendie, trois fois maudit, je serais là-bas à mon poste.

En somme la contrée par ici est fort bien réveillée; il est temps! le patriotisme est très réel et si Dieu nous vient en aide nous pouvons faire beaucoup.

Au revoir, cher ami, j'ai les doigts gelés.

Pierrefontaine, 26 décembre 1870.

Chère maman,

Jules vous a écrit de Verneuil samedi matin; vous savez par conséquent que notre départ de Doups s'est opéré en bon ordre et que notre étape, malgré sa longueur, la rapidité de la marche et l'état glissant de la route, s'est parfaitement effectuée. Du reste vous n'avez pas à être en peine de moi quand il s'agit de la marche ou du froid; je puis, vous le savez, marcher aussi vite et aussi longtemps que qui que ce soit; et quant au reste, je ne suis ni frileux, ni difficile sur le menu des repas.

N'ayant donc à redouter ni la fatigue, ni le froid, ni la faim, je puis faire un soldat très présentable.

4 janvier 1871, Villars-lez-Blamont.

Chère maman,

Notre guerre est très intéressante; le pays est admirable et très facile à défendre. Le poste qui est devant nous, commandé par un de mes anciens camarades, Viette, et composé seulement de 43 hommes, tient campagne depuis deux mois et a arrêté l'autre jour une colonne qui venait sur Blamont. Il n'a pas un seul homme blessé et a tué jeudi trente uhlans.

Villars-lez-Blamont, 10 janvier 1871.

Chère maman,

Enfin vos lettres nous arrivent par bénédictions : c'est le cas de le dire.

Notre bon vieux sergent-major, faisant fonctions de vaguemestre, arrive les mains pleines, presque tout le monde a la sienne; pour ma part j'en ai trois.

Je constate que, malgré la tristesse naturelle que vous éprouvez, vous vous portez toujours bien. Il en est de même parmi nous.

Nos hommes sont solides comme la vieille garde; les braves gens ont un moral magnifique que je n'aurais pu soupçonner. On nous met aux avant-postes, en grand'garde; on sonne « aux armes! » à minuit, pour marcher jusqu'au jour, pas un ne bronche; ils accomplissent toutes les consignes avec un calme et un entrain superbes.

Je vous promets que notre compagnie aura de rudes soldats dans peu.

De plus, tout va comme sur des roulettes, pas un mot entre les hommes, pas une punition et par-dessus tout, une déférence et une politesse touchante vis-à-vis de leurs chefs. Les plus ennuyeux au commencement, ont complètement changé. C'est aujourd'hui mon tour de garde. Je suis avec 16 hommes et 2 caporaux dans une baraque isolée sur la frontière, n'ayant pour hôtes qu'un vieux et une vieille anabaptistes. On entend distinctement le canon de Belfort. C'est très pittoresque.

Trévillers, près de Maîche, 25 janvier 1871.

Chère maman,

Nous avons décidément abandonné le plateau de Blamont, après une série de marches et de contremarches dont je ne vous ferai pas le détail. Ce n'est pas sans regret, je vous l'assure ; il est bien triste en effet de battre en retraite, sans avoir brûlé une cartouche, après avoir passé plus d'un mois à une portée de fusil des Prussiens ; il est bien navrant d'abandonner à la férocité de ces brutes d'Allemands les braves populations qui nous avaient si bien accueillis, et qui étaient si heureuses de voir enfin des soldats français.

Nous sommes en effet les premières troupes qui se soient avancées jusqu'à Abévillers.

Mais nous avons dû suivre le mouvement général. Notre rôle était d'entrer en Alsace par

Croix et Delle, à la suite de l'armée de l'Est. Malheureusement l'ingénieuse tentative de Bourbaki vient d'échouer à cause du froid. Pendant quatre jours notre malheureuse armée a essayé d'enlever les retranchements établis par Werder entre Montbéliard et Belfort : rien n'a pu être entamé définitivement.

Nos pauvres soldats sont exténués, courbaturés. Je parle bien entendu de l'armée régulière, qui vient de la Loire, et non de nous autres qui, en définitive, n'avons que les misères de détail.

Vous vous figurez ce que pouvaient être de pauvres turcos obligés de bivouaquer dans la neige pendant les nuits abominables des 15, 16 et 17. Le général de Martineau, commandant la 1re division du 15e corps, disait à Blamont que, pour ramasser tous ses soldats ayant les pieds gelés, il lui faudrait employer tous ses hommes valides.

C'était en effet la retraite définitive ; tout espoir était perdu et, par une cruelle ironie de la fortune, pour entrer en Suisse avec son régiment, Roux dut passer précisément par son village en ruines.

Il garda toujours saignante la blessure de la

défaite. Ses amis savent qu'il en parlait sans cesse, que ses lectures favorites étaient toujours les récits de la guerre, le livre de Chanzy, les rapports de l'état-major allemand. Il devint plus tard officier dans la réserve et prenait très au sérieux son service militaire. Dans ses longues promenades autour de Paris, il revenait toujours aux champs de bataille; dans ses voyages il était toujours poursuivi par les souvenirs de 1870. Dix ans après, le 2 septembre 1880, il écrivait de Bâle :

Bâle, 2 septembre 1880.

Mon cher ami,

Je t'envoie une fleur cueillie sur l'immense tombe où dorment, en bas de la colline de Frœschwiller, à l'entrée du village de Morsbronn, les 8e et 9e cuirassiers. A l'aube du jour, dimanche, avec M. et S. nous filions sur Metz. A Pagny, premiers Prussiens. A Novéant douane prussienne, gendarmes prussiens; nous passons, arrivons à Metz et couchons à Forbach.

Nous déjeunons et partons à pied pour Styring-Wendel et Spicheren, qui est le vrai nom de la bataille perdue le 6 août par Frossard.

Nous gravissons ces pentes, sur lesquelles était la division Laveaucoupet, et que les Prussiens ont enlevées à l'assaut. Voilà qui confond!

Et sais-tu qui électrisait ainsi l'armée prussienne? Le général *de François*, tué en arrivant sur le sommet, ainsi que son aide de camp l'intrépide lieutenant *de Pressentin*. N'est-ce pas épouvantable de voir ces noms français contre nous, portant à ces lourdauds les qualités françaises?

Nous redescendons du côté de Saarbruck et nous arrivons sur terre prussienne, à l'endroit où le jeune homme a ramassé sa balle.

Les Saarbruckois y ont mis un monument d'une ironie grossière, avec ces mots :

« Premier début de Loulou le 2 août 1870. »

De Saarbruck nous gagnons, le lendemain matin, Sarreguemines, Bitche, Reischoffen, où nous couchons.

Et dès les six heures du matin, le lendemain, nous partons pour le champ de bataille. Ah! mon cher, ici c'est bien autre chose. Nos 30 000 hommes de Mac-Mahon ont lutté, toute une journée, contre les 120 000 du prince royal, dans des positions *égales*. Chaque armée a perdu dix mille hommes. Il y a dans cette charmante vallée, qui s'étend de Frœschwiller à Elsasshausen, 20 000 soldats enterrés. Pendant une heure nous avons suivi le calvaire.

Des tombes, des tombes! Arrivés au bout, à l'endroit où les Prussiens ont planté leur gigantesque colonne surmontée d'un aigle, nous n'avons plus pu y tenir, nous nous sommes inconsciemment éloignés l'un de l'autre, et, quand nous nous sommes retrouvés, nous n'avons point osé regarder nos yeux.

Il faisait un beau soleil, et un doux vent frais venant de la forêt de Haguenau, et partout les enfants couraient dans les tas de foin et de robustes gars rentraient leurs voitures en faisant claquer leur fouet, et quand nous avons suivi exactement le chemin parcouru par la brigade Michel, dans sa charge légendaire, nous avons trouvé dans les houblonnières, qu'a traversées la charge, de bonnes vieilles Alsaciennes, travaillant et nous saluant et nous disant : « qu'il fait bon de vivre par ce beau temps! »

A Morsbronn, arrivés à onze heures. C'est dans ce joli village que nos pauvres cavaliers ont été achevés par les Wurtembourgeois, cachés dans les maisons.

De Morsbronn nous gagnons le chemin de

fer à Walbourg, qui nous conduit à Wissembourg. Là nous montons sur le Gersberg à l'endroit où a été tué le 4 août le général Douay; nous entendons célébrer partout nos 7000 hommes écrasés par 80 000 Bavarois à la fin de la journée, puis nous filons sur Haguenau, Strasbourg.

Au mois de mars 1871, il fallait bien que les jeunes gens échappés à la tourmente reprissent cœur à la vie et songeassent à l'avenir. Roux hésitait à revenir à Paris, à pousser son droit jusqu'au doctorat. Il écrit de Jougne le 31 mars 1871 :

Mon cher ami,

Je pars pour Besançon examiner le terrain et voir s'il n'y a pas moyen d'y planter sa tente. Ce n'est pas cependant sans un serrement de cœur indicible que je prendrai ce parti. Mais avant tout, il faut vivre, et comment vivre dans un pareil tumulte et dans une semblable ruine?

Ses amis l'exhortent à revenir à Paris, et il ne demandait pas mieux que de suivre leurs conseils. Le camarade X., toujours tranquille dans sa sous-préfecture, lui écrivait de son côté pour lui confier son espérance d'être nommé Préfet et lui offrir d'être

« son secrétaire général », mais de si belles promesses n'étaient point pour le tenter, c'était Paris qui l'attirait et le désir d'y terminer ses études. Le 2 juin 1871, après la Commune, il se détermine à y rentrer, mais avec combien de pensées tristes :

Jougne, 2 juin 1871.

Mon cher ami,

Enfin nous pouvons dire, j'aime à le penser : tout est fini pour le moment! et, malgré tout ce que les compétitions monarchiques nous offrent d'inquiétudes pour l'avenir, nous avons le droit de respirer pendant quelques jours, et de reprendre nos habitudes.

Je suis effrayé du spectacle que va me présenter ce pauvre Paris, auquel je suis si attaché malgré ses défauts. Te rappelles-tu la désolation extraordinaire qui s'était emparée de moi au départ?

J'avais beau me dire qu'un incendie était réparable, que mes malheurs domestiques ne méritaient pas tant d'affliction : j'avais au fond de l'âme une épouvante indescriptible, et. depuis ce jour, voyant se succéder cette avalanche de calamités publiques et privées dont Paris a été la principale victime, je me suis pris à croire aux pressentiments.

Jamais craintes n'ont été mieux justifiées, jamais sinistres inquiétudes sur l'avenir n'ont été suivies d'une collection aussi complète de misères !

Le spectacle qu'offrait Paris à ce moment n'était point fait pour dissiper ses tristesses.

Paris, 13 juin 1871.

Chère maman,

C'est vraiment une chose navrante que la vue de cette grande ville. Faute de voitures, nous avons dû venir à pied depuis la gare, et immédiatement nous avons été consternés de trouver partout cette odeur étouffante d'incendie, qui nous affectait si fort après le désastre de Jougne.

La rue Saint-Antoine est criblée de balles; l'Hôtel de ville n'a pas un morceau de bois subsistant; c'est ce monument que je regrette le plus. Le quartier le plus maltraité est celui de M. R. Je ne sais comment sa maison a pu échapper; de trois côtés les édifices sont détruits, la rue de Lille n'existe pour ainsi dire plus. Pendant toute notre course à la recherche de Just, nous avons tenu les principaux quartiers et nous ne pouvions retenir nos cris de douleur et d'indignation.

Mon quartier a peu souffert; l'Odéon et le Luxembourg, mes voisins immédiats, sont saufs. Ma maison a reçu des balles et, comme les autres, elle avait perdu toutes ses vitres; il n'est entré pourtant que deux ou trois balles dans la chambre au-dessus de la mienne. Je n'ai pas eu le temps de faire l'inventaire de mes livres et cahiers, mais je crains bien de ne pas retrouver des papiers qui m'avaient coûté pas mal de travail. En somme, je ne me plains pas. Je suis actuellement le seul habitant dans mon hôtel, qui du reste est fort petit et où d'habitude chacun a sa clef. La propriétaire m'a reçu comme le pigeon libérateur annonçant la fin des maux.

Au milieu de ces ruines, É. Roux s'était remis courageusement au travail; il ne voulait plus songer qu'à sa thèse. Il partageait son temps entre l'École de droit et les Bibliothèques lorsque se produisit l'événement qui devait décider du reste de sa vie. Il le raconte à sa mère :

Paris, 19 septembre 1871.

Chère maman,

Ce matin M. Batbie, professeur de droit et député, dont je vous ai souvent parlé, est venu me voir et m'a dit qu'un de ses collègues de l'Assemblée, M. Casimir Périer, lui avait demandé un jeune homme en qui on pût avoir confiance, qui serait reçu dans sa famille pour travailler avec son fils et l'aider à préparer son doctorat en droit. M. Batbie a répondu : « J'ai votre affaire ; je vous enverrai un de mes élèves en qui j'ai une confiance absolue, qui devait collaborer avec moi à un ouvrage important et que vous pouvez en toute sécurité admettre en ami chez vous. » Et il m'a dit : « Allez voir M. Casimir Périer, voyez si vous pouvez vous entendre avec lui. Pour moi, je vous conseille d'accepter. »

Je m'en fus donc chez M. Casimir Périer. Je fus reçu avec une politesse très cordiale.

Mon élève a eu un prix au concours général, le même que moi, en dissertation latine; il est comme moi licencié ès lettres, très républicain, « ce qui n'est pas trop pour moi », me dit le père. Nous causâmes environ vingt minutes et je promis à M. Casimir Périer de partir avec lui quand il le voudrait.

Comme je le remerciais de son accueil si bienveillant pour un inconnu, M. Casimir Périer m'a dit qu'il avait demandé tant de conditions chez le candidat de M. Batbie, que puisqu'au dire de celui-ci je les remplissais, il me considérait dès à présent comme un ami.

Il ne fallut pas longtemps en effet à des hommes tels que M. Casimir Périer et son fils pour apprécier les qualités de Roux, pour discerner, sous ses dehors toujours un peu rudes, la finesse et la promptitude de son esprit, la sûreté de son jugement, la délicatesse et la loyauté de son caractère. A l'amitié qu'on lui témoignait É. Roux répondit par un respect, une affection, une reconnaissance qui devaient toujours aller en grandissant. La mort de M. Casimir Périer fut un des plus profonds chagrins de sa vie, et lorsqu'il eut été lui-même emporté par un coup tragique ce fut son ancien élève, M. Jean-Casimir Périer, vice-président de la Chambre des députés, qui, au nom de ses amis, lui adressa, d'une voix entrecoupée par les sanglots, les suprêmes adieux.

Le 12 octobre 1871, trois semaines après que Roux avait quitté sa chambre d'étudiant, la fameuse thèse du doctorat était encore abandonnée. Il se trouvait à l'improviste lancé dans la vie administrative :

Paris, 12 octobre 1871.

Ma chère maman,

M. Casimir Périer est nommé ministre de l'Intérieur et m'a demandé de rester attaché à son cabinet avec le titre de secrétaire particulier. Comme c'est mon élève, M. Casimir Périer fils, qui est chef du cabinet, je n'ai pas cru devoir refuser une position dont les abords me sont rendus si faciles par l'amabilité de ceux qui me la proposent. Le ministre m'a dit que ce serait une *collaboration affectueuse* et que je n'aurais jamais à recevoir d'ordres que de lui. Je suis, comme vous le voyez, dans une situation privilégiée.

Ministère de l'Intérieur.

Versailles, 4 novembre 1871.

Ma chère maman,

Nous sommes campés ici dans le musée, d'une façon pitoyable. Espérons que, le froid aidant, les vieux de la droite se décideront à rentrer à Paris. Tout le gouvernement, Président et ministres, ne demande qu'à quitter Versailles au plus vite, mais il faut la majorité à l'Assemblée.

A propos du Président, j'ai eu l'autre jour l'avantage d'être remarqué par M. Thiers à cause de mon écriture. Je lui présentais un rapport confidentiel du commissaire extraordinaire en Corse, que j'avais dû copier. « Quelle est donc cette singulière écriture! s'écria-t-il. — C'est la mienne. — Eh bien! avouez qu'elle est au moins bizarre. — Vous n'en direz jamais autant de mal que j'en pense, lui ai-je répondu. En sorte que je puis dire, comme le grenadier que Napoléon avait appelé imbécile : le petit grand homme m'a parlé.

Ministère de l'Intérieur.

Versailles, 31 décembre 1871.

Ma chère maman,

Les compliments d'usage empruntent cette année aux événements un intérêt particulier. Après deux années calamiteuses, nous avons bien le droit de compter sur l'amélioration de notre sort... Cette nuit, ayant à recevoir les dépêches officielles et à y répondre, je trouvais que la vie du monde est bien bizarre quand je comparais mon existence actuelle à celle de l'an dernier à pareille époque, mais vous me rendrez cette justice que je ne me suis pas plus effrayé des misères du troupier que je ne m'enorgueillis de *la puissance*. Et demain, si nous descendons du *sommet des grandeurs*, je serai aussi calme que quand j'y suis monté, ayant en somme pour principal souci le désir de vous rendre heureuse.

Je vous embrasse de tout mon cœur.

Ministère de l'Intérieur.

Versailles, 3 février 1872.

Ma chère maman,

Mon ministre vient de donner sa démission. L'Assemblée s'est montrée intolérante sur la question du retour à Paris et M. Casimir Périer a déclaré qu'il priait le Président de la République de lui donner un successeur.

Nous voilà revenus à la vie privée, ce qui m'est parfaitement égal, vu que rien ne change dans ma position.

Remarquez que le ministre demandait, non pas de revenir à Paris, mais de *prendre en considération l'examen de la question.*

Ils n'ont pas voulu donner cette satisfaction au gouvernement, qui n'insistait pas sur le fond.

Là-dessus, je vous embrasse de tout mon cœur.

Versailles, 7 février 1872.

Chère maman,

Je quitte Versailles aujourd'hui et vais retrouver mon antique établissement, rue de Vaugirard, 14. Le nouveau ministre s'installe dans la journée; je mets au courant mon successeur, qui est un de mes anciens camarades du Palais de justice, et fils du ministre M. Victor Lefranc.

M. Casimir Périer m'a fait des compliments sur ma conduite et surtout sur ma réserve vis-à-vis des journalistes, qui voulaient toujours m'extraire des nouvelles. Il m'a dit : Vous savez que je suis disposé à faire pour vous tout ce que vous voudrez, sous-préfet à... ou secrétaire général à...., etc.

Tout bien examiné, je préfère rester à Paris, car j'ai décidément pour M. Périer une véritable affection et il m'a dit, au moment de quitter le ministère, des choses qui m'ont vraiment touché. On a ajouté autour de lui que désormais je faisais partie de la famille et que quand j'aurais une écriture présentable, on n'aurait rien à me reprocher.

Et puis, il est bon que les vrais républicains donnent l'exemple du désintéressement et ne se précipitent pas aux places avec une avidité qui m'a toujours déplu. Pas plus avec Gambetta qu'avec M. Casimir Périer, je n'ai désiré être quelque chose. J'aime mieux être quelqu'un.

É. Roux avait d'autant plus de mérite à ne rien accepter que pour lui l'avenir redevenait incertain, tandis que la plupart de ses amis occupaient déjà des postes importants. Le Ministre, et M. Calmon, secrétaire général du ministère de l'Intérieur, ayant grande confiance en son jugement, lui avaient demandé de désigner des candidats pour les fonctions administratives. Tout le personnel était alors à créer. Roux indiqua un certain nombre de ses anciens camarades des conférences de Sainte-Barbe et de l'École de droit. Il eut la main très heureuse. On pourrait aujourd'hui en citer plus d'un qui ont fait un assez joli chemin dans le monde : ils sont restés jusqu'au bout ses amis et gardent à sa mémoire le plus fidèle et le plus affectueux souvenir.

A peine revenu à Paris, il s'était remis au travail et, le 31 juillet 1872, il écrivait à un ami : « Je viens enfin de soutenir ma thèse, ouf! » — C'était une très solide et très intéressante étude sur les Sociétés coopératives.

Il était inscrit au barreau de Paris.

Il n'y avait plus qu'à attendre les clients. Pour patienter, Roux, qui n'avait ni le goût ni le loisir de rester inactif, écrivit dans différents journaux. M. Casimir Périer l'avait présenté au directeur des *Débats*, dans les termes les plus élogieux :

« M. Roux m'a inspiré confiance. Depuis près d'un an il a vécu dans mon intimité, attaché à mon cabinet pendant le temps que j'ai passé au ministère de l'Intérieur. J'ai donc pu apprécier sa valeur qui est réelle. Quant à son caractère, il est d'une honorabilité dont je me porte garant; ses opinions sont d'un libéralisme sincère et d'un républicanisme sage et éclairé; il écrit bien, il a le sens droit, et le jugement sûr... Si vous mettez M. Roux à l'épreuve, vous reconnaîtrez bien vite que je n'ai fait que lui rendre justice sans partialité dans le bien que je vous dis de lui. »

(Lettre de M. *Casimir Périer* au directeur du *Journal des Débats*, 8 août 1872.)

L'administration était la véritable carrière d'É. Roux et ne devait pas tarder à le reprendre. Le 7 décembre 1872, il vit entrer dans sa chambre M. Calmon, qui avait pu le connaître et l'apprécier au ministère de l'Intérieur. M. Calmon venait d'être nommé Préfet de la Seine, il lui offrait d'être son chef de Cabinet. Roux accepta et entra le jour même à la Préfecture qu'il ne devait plus quitter.

Il fut, pour le Préfet de la Seine, le collaborateur le plus utile et l'ami le plus dévoué : aussi lorsqu'il quitta le Luxembourg, M. Calmon mit-il la plus grande insistance à y laisser É. Roux, qui ne pouvait en conscience recommencer encore une fois sa carrière d'avocat, tant de fois déjà traversée. Il accepta donc une place dans les bureaux de la direction des Finances. A son ordinaire, il philosophait paisiblement sur ce nouveau changement de situation :

31 décembre 1873.

Ma chère maman,

Quand je repasse les quatre ou cinq dernières années qui viennent de s'écouler, je m'aperçois que, depuis 1870, j'ai changé quatre fois de métier et que mes trois lettres de jour de l'an partent de trois endroits différents. En janvier 1870, j'étais bien tranquillement avocat, rue de Vaugirard, sans autre inquiétude que celle de ma carrière.

En janvier 1871, j'employais mon jour de l'an à faire 42 kilomètres, sac au dos, de Pierrefontaine à Pont-de-Roide, et, la nuit suivante, à grimper la côte de Blamont par 18 degrés de froid, sous les rayons blafards d'une lune insolente qui me gèle encore les os quand je la vois en rêve. Et c'était un moment relativement heureux, nous avions santé et belle humeur ; nous croyions tout bonnement que nous allions délivrer l'Alsace et assurer la République. J'avais un faux col dans mon sac pour faire notre entrée à Mulhouse ! Bref, ne parlons plus de ces illusions perdues ! c'est de la poésie, qui remonterait trop vite du cœur aux yeux.

En 1872, changement de décor.

Je suis logé à Versailles, au palais de Louis XIV, et n'ai plus froid, ni faim; nous avons même repris courage.

Nous arrivons à 1873. Je vous écris alors de la chambre où habita jadis Marie de Médicis, dont la couronne italienne ornait mon ciel de lit et semblait me promettre des jours prospères. Mais voici la débâcle; tout est remis en question; l'avenir est d'un noir ou plutôt d'un gris confus où personne ne voit goutte. Mauvaise année, 1873 !

Je vous écris d'un petit bureau donnant sur une pelouse, où viennent sautiller les moineaux. L'an prochain, d'où vous écrirai-je?

Peu m'importe, l'essentiel, c'est notre refrain : la santé !

Toute l'activité de Roux étant désormais consacrée à l'administration du département de la Seine, sa carrière devait y être rapide. En 1874, il est nommé chef de bureau du contentieux de l'octroi; en 1877, chef de la deuxième division de l'administration générale; en 1879, chef de division de deuxième classe. En 1880, à la suppression des sous-préfectures de Sceaux et Saint-Denis, il fut chargé, comme sous-directeur des affaires départementales, de l'administration de ces deux grands arrondissements. La même année il était nommé chevalier de la Légion d'honneur. Enfin, en 1886, il recevait le titre de directeur des affaires départementales du département de la Seine.

Ce que fut É. Roux comme directeur, l'autorité qu'il avait acquise, les services qu'il a rendus, il serait difficile de le rappeler en termes suffisants dans une simple notice biographique; mais, quand on écrira l'histoire administrative du département de la Seine pendant les vingt dernières années, il y tiendra une place considérable.

Très écouté dans les conseils, aidé par des collaborateurs qu'il avait su choisir et dont il s'était fait les amis les plus dévoués, il avait surtout ce rare avantage de connaître, pour les avoir maintes fois visitées, toutes les communes, même les plus modestes, dont il avait à s'occuper, d'être entré partout en relations personnelles et cordiales avec les maires et tous les représentants des corps élus. La bonhomie de ses manières, sa franchise, son désir toujours évident de trouver et de faire prévaloir les plus utiles solutions, simplifiaient singulièrement des relations autrefois difficiles entre les communes et la préfecture. Point de fête municipale dans la banlieue où il ne fût invité, prié de présider, et Dieu sait ce qu'il inaugura d'écoles et de mairies pendant cette féconde période! Avec lui, c'était la bonne humeur qui s'asseyait au banquet; il n'en faisait pas moins toujours entendre quelques paroles réconfortantes et élevées :

« C'est à la République, Messieurs, qu'il faut reporter l'honneur et le mérite d'avoir ainsi rapproché, sur un même terrain, les représentants des populations et ceux du pouvoir exécutif, et d'avoir réalisé ce problème, considéré comme insoluble, de l'accord entre les municipalités et les préfectures, entre les communes et l'État.

C'est là, Messieurs, une œuvre de bonne foi et de fraternité vraiment républicaine, à laquelle, dès mon entrée en fonctions, j'ai convié tous les magistrats municipaux.

J'ai eu la grande satisfaction (et c'est l'honneur de ma carrière) de voir de toutes parts les municipalités répondre à mon loyal appel. »

(*Discours prononcé à l'inauguration de la mairie de Thiais.*)

« Ce qui constitue vraiment une nation, ce n'est pas seulement sa force actuelle, sa puissance matérielle, ce sont aussi les souvenirs et quelquefois même les légendes, surtout lorsqu'elles sont patriotiques et glorieuses. On s'attache d'autant plus au sol natal qu'on y trouve la trace des ancêtres, de leurs pensées, de leurs actes, de leurs douleurs et de leurs joies. Je n'envie pas, je vous l'avoue, ces pays sans histoire et sans passé, qui sont absorbés par les appétits du présent ou les soucis de l'avenir.

C'est pourquoi, sans vouloir faire du chauvinisme, je ne trouve pas de pays comparable au nôtre, — par son émouvante et dramatique histoire.

Il faut aimer ceux qui l'ont bien aimé et bien servi, et comme disait Gambetta : un cœur vraiment français peut associer le culte de Voltaire à celui de Jeanne d'Arc. »

(*Nanterre : Discours pour la cérémonie du couronnement de la rosière.*)

« La fête d'aujourd'hui est toute différente, mais elle n'en est que plus touchante.

Des trois vertus qui forment la devise républicaine, nous célébrons, en effet, celle qui divise le moins les citoyens, parce qu'elle s'adresse au cœur plus qu'à l'esprit et que, sur ce terrain-là, tous les patriotes peuvent s'entendre et se donner la main.

S'il est bon et salutaire de célébrer la Liberté, l'Égalité, quand on s'adresse aux citoyens qui sont dans la force de l'âge, dans la plénitude de leurs facultés, et représentent l'avenir de la cité, il est meilleur de ne plus songer qu'à la Fraternité, lorsqu'il s'agit de remplir ses devoirs vis-à-vis des représentants du passé, des vieillards, des fatigués, des vaincus de la vie, qui n'ont pu, dans la grande lutte pour l'existence, s'assurer un abri pour leurs vieux jours. »

(*Inauguration de l'hospice de Neuilly, 24 novembre 1889.*)

Les compatriotes d'Émile Roux l'avaient élu, en 1881, conseiller général du Doubs, pour le canton de Mouthe et ce mandat lui fut toujours fidèlement renouvelé. Plus d'une fois même il fut sollicité de se présenter aux élections législatives; il résista à la tentation, bien que la vie politique eût beaucoup d'attrait pour lui, mais il ne trouvait pas sa situation assez indépendante et l'idée d'entrer dans la carrière politique pour y faire fortune lui parut toujours la plus odieuse injure à la République, comme à la probité.

Paris, 13 mars 1875.

Ma chère maman,

J'aime autant, dans mon intérêt bien entendu, rester où je suis, car en continuant à changer de métier tous les six mois, je pourrais bien finir par n'arriver à rien du tout. Sans doute on ne fait pas ses goûts et on n'est pas maître des circonstances. Il y a des gens qui ont la passion de la peinture, ou de la musique, ou du théâtre, et qui aiment mieux être misérables toute leur vie que de ne pas suivre leur vocation. Pour moi, je crains bien de n'avoir de véritable aptitude que pour la vie politique. Mais, pour s'y livrer complètement, il faut avoir ou une fortune indépendante, ou une position lucrative. Comme je n'ai ni l'une ni l'autre, je m'arrangerai de façon à ne pas trop céder à mon penchant.

Il aimait d'ailleurs ses fonctions et l'activité qu'elles exigeaient. Ses lettres à partir de 1874 sont presque toujours celles d'un homme heureux. La gaîté s'y devine à tout propos :

Paris, 5 juin 1875.

Ma chère maman,

Dimanche soir, après les courses, me trouvant à mi-chemin de Versailles, je suis allé dîner avec O., que j'ai trouvé en train de faire faire des vers latins à son fils, sur le Risou, Combes-des-Cives et les grenouilles que l'oncle A... attrape et coupe avec son couteau. Tout cela mis en latin est à mourir de rire. O. me disait qu'il vaut mieux commencer par des choses simples, et à propos des choses solennelles me racontait qu'un soir, étant écolier à Jougne, il lisait à toute la famille M..., *Athalie*, que le curé Nicot lui avait prêtée. Tout le monde écarquillait les yeux, en voyant lire ces vers superbes, lorsqu'arrivé à ceux-ci, où le grand prêtre Joad est censé faire dire à Dieu :

Quel fruit me revient-il de tous vos sacrifices?
Ai-je besoin du sang des boucs et des génisses?

le père M..., qui tirait gravement son *ligneux* derrière sa boule de verre, s'arrêta et dit : « *Julie, la chèvre est-elle rentrée ?* » Voilà l'effet qu'avait produit la tragédie de Racine! Et cela se comprend.

Paris, 11 septembre 1875.

Ma chère maman,

...... Je crains toujours de ne pas voir assez les personnes qui me sont bienveillantes, car j'ai appris que certaines gens me font une réputation d'homme froid et indifférent, ce qui n'est pas exact. Certainement je n'aime pas les démonstrations et les embrassades à tout propos, par les grands chemins. Cela choque ma *respectability*, comme disent les Anglais. Mais cela ne change rien au fond.

Paris, 15 avril 1876.

Quand je vois combien sont aimables, hospitaliers, pleins de cordialité et d'abandon, les gens que je fréquente ici, je me rends bien un peu compte de l'impression que nous devons faire aux natures délicates et distinguées par notre froideur et notre apparente fierté.

Paris, 21 avril 1877.

Ma chère maman,

J'ai emballé hier pour l'hospice des Incurables mon malheureux voisin, qui depuis sept ans n'avait pas quitté sa chambre et qui, depuis sept ans que je le connais, sans ressources et sans parents, ne s'est jamais plaint et avait toujours les manières les plus polies et les plus distinguées. Quand on l'a porté dans la voiture, il a versé seulement deux larmes et m'a dit : « Je vais donc quitter cette maison, où j'aurais été *si heureux*, si j'avais pu seulement gagner de quoi payer ma nourriture. » Les concierges, qui sont d'excellentes gens, pleuraient et sont aujourd'hui désolés de n'avoir plus à se mettre en quatre et à dépenser leur argent pour ce pauvre garçon, qui est incurable à trente-huit ans. En arrivant à l'hospice il fait connaissance d'un aveugle qui est, paraît-il, un homme fort instruit et consent à lui pousser sa voiture, à condition que le paralytique lui lise le journal. « J'ai toujours eu de la chance! » m'écrivait-il ce matin.

Donc je croyais déjà qu'on n'avait droit de se plaindre que quand on n'a pas la santé — et voilà que même des gens malades, quand ils sont courageux, ne se plaignent pas ! Quel exemple pour ceux qui passent leur vie à grogner et à assommer les autres!

Pour savoir tout ce qu'il y avait de bonne humeur chez É. Roux, d'aimable dans son caractère, de prime-sautier dans son esprit, il fallait avoir voyagé avec lui. C'était le plus gai des compagnons : tout lui était sujet d'observation et bien volontiers d'admiration. Il avait commencé par parcourir la France dans tous les sens; puis, dès qu'il avait eu un peu de loisir, quelques pays d'Europe et l'Algérie. Certes il ne voyageait point en érudit, encore moins en fonctionnaire soucieux de statistiques, mais en touriste curieux surtout du présent, enchanté de vivre et de voir la vie rayonner autour de lui. Il semblait que le mouvement même redoublait sa verve, la conversation ne lui suffisait pas, il tenait à mettre du voyage ses amis restés à Paris, son frère, sa sœur, avec qui sa pensée était constamment; il ne tarissait pas dans les lettres qu'il jetait sur le papier, çà et là, entre deux trains.

Burgos, 4 septembre 1877.

Ma chère sœur,

Me voici à Burgos, capitale de la Vieille-Castille, logé à la *fonda Rafaela*.

Hier matin, lundi, à l'aube du jour, nous avons franchi la frontière, non sans une certaine émotion, car c'est toujours une chose grave et saisissante que de quitter la patrie, et la frontière suisse ne m'a jamais paru être une vraie frontière.

Mais j'avais tant de plaisir à faire ce voyage, et le pays était si beau, que nous n'avons bien vite pensé qu'au présent et à l'avenir. Jusqu'ici notre voyage est un ravissement perpétuel et tout marche à souhait.

Le premier village espagnol que nous avons aperçu en traversant la Bidassoa est Fontarabie, le plus gracieux et le plus pittoresque du monde.

Nous entrons en gare d'*Irun*. Là tout est espagnol. Plus un mot de français. Les carabineros arrivent pour visiter les malles. De vieux douaniers moisis et graves comme ceux de l'ancien Jougne. Puis les gendarmes, le fusil au bras, viennent demander les passeports.

D'Irun à Saint-Sébastien, paysage ravissant, des montagnes, des golfes, les Pyrénées et l'Océan. A Saint-Sébastien nous attendait C. L. qui se met en devoir de nous faire visiter la ville et ses environs, — et tout d'abord je te dirai que nous paraissons destinés à trouver dans chaque ville un hôte empressé.

Saint-Sébastien est la ville de bains de mer du nord de l'Espagne. Elle s'avance dans l'Océan sur un long promontoire. Rien de gracieux comme la promenade de la Concha qui fait le tour du golfe. — La société madrilène y vient pour respirer la fraîcheur. Nous avons vu don Émilio Castelar et surtout les plus charmants types d'Espagnoles. Trois d'entre elles surtout m'ont paru extraordinaires. Les Espagnoles des provinces basques sont blondes, grandes et surtout élancées. Elles remplacent la vivacité des Parisiennes par une sorte d'indolence et de douceur qui en fait des êtres tout à fait à part. Décidément elles méritent leur réputation; rien de plus joli que leur taille.

C. L. nous fit les honneurs de sa société avec une gravité toute cordiale. Puis dans sa voiture, attelée de deux grands chevaux catalans, il nous conduisit dans les environs, notamment à *Ernani*. A trois heures nous partions, mais il y avait tant de monde que le train unique ne pouvait grimper les pentes des Pyrénées et qu'on fut obligé d'en faire partir un second dans lequel, en gens peu pressés, nous consentîmes à prendre place. En tout, ce peuple est lent, solennel, grave.

Nous montons, nous montons, par Tolosa, Vittoria, Miranda, c'est-à-dire que nous traversons le Guipuzcoa, l'Alasa et une partie de la Navarre.

Il y a plus de trente tunnels à traverser; c'est féerique! A Tolosa nous voyons tout un village s'embarquant pour l'Amérique. Le pays est pauvre, pauvre. Les femmes ont sur les cheveux une sorte de foulard bleu qu'elles arrangent à leur fantaisie. Ce peuple a le génie de la draperie. Les hommes ont le béret. Tu me verras arriver avec cet instrument. Des bords de la mer, à zéro d'altitude par conséquent, nous nous élevons à 1000 mètres, c'est-à-dire plus haut que Jougne. Le froid devient vif, piquant. Nous nous disons qu'il faut solidement manger au buffet. Mais, entourés d'Espagnols qui touchent tout du bout des lèvres, nous avions l'air d'ogres. La nuit arrive et nous traversons les défilés de la Brujuela et de Pancorbo qui sont gigantesques.

Puis nous voilà au sommet du plateau des Castilles.

La lune nous fait voir d'immenses plaines de pierres. Pas un arbre, pas une maison. On fait trente kilomètres sans apercevoir un village et à deux heures du matin nous faisions notre entrée à Burgos. Nous espérions courir un peu la ville le soir pour nous réchauffer. Mais nous avions quatre heures de retard. Force fut d'aller coucher à l'hôtel. Dans l'omnibus, une immense guimbarde, se pressent les gens, attardés, gelés. Un petit enfant avec sa nourrice était avec nous. C'est là que j'ai admiré la beauté de la langue espagnole. Les dames, qui rentraient en ville avec nous dans l'omnibus, se sont mises à s'exclamer sur le « *pobre niño, chiquito* », etc., qui pleurait (en Espagnol) parce qu'il était gelé. J'ai offert mon pardessus pour le réchauffer et nous voilà amis, causant avec un entrain et des exclamations impayables. Je me suis mis à parler espagnol sans m'inquiéter des fautes ; je trouve ce peuple aimable, bon, simple.

De la gare à la ville, il y a loin. Des mules, maigres à faire peur, vont comme le diable en personne. Ce sont des cahots, des rires. A l'hôtel tout le monde se réveille en bâillant et nous nous couchons.

Ce matin R. me dit : As-tu bien dormi ? — Oui, malgré les puces. — Moi aussi, malgré les punaises. Voilà le revers de la médaille. Mais baste ! Une servante nous apporte du chocolat avec des azucarillas, et nous faisons vite un tour avant le déjeuner.

Un froid de loup, un vent à décorner des bœufs, des maisons éraillées, des gens tristes, pauvres. Figure-toi Chapelle-des-Bois quand on vient de quitter Vevey. Mais la cathédrale, une merveille. Des dames pâles, en mantille, agenouillées sur la dalle. Comme tout cela m'intéresse ! J'aime ce pays avec passion...

Stockolm, hôtel Rydberg, 2 août 1879.

Min käre vàn,

Retour d'Upsala, par le bateau le *Tysis*, six heures de navigation, sur le lac de Mälaren qui a 100 kilomètres de long et contient 1300 îles. Nous avons bu à la *Nation* de Gothie, à celle d'Ostrogothie, à celle de Nordland, à celle de Stockolm, dont notre aimable cicérone Karl Prehl, élève de Maspéro, est président. Nous avons vu la *Carolina rediviva* et entendu des airs suédois à la *Maison de la Nation* de notre ami. En ce moment il est onze heures. Stockolm est éblouissante. Figure-toi, sous une lune splendide, des myriades de bateaux courant de tous côtés sur des myriades de lacs. Des lacs, des lacs, partout des lacs, ici on ne va qu'en bateau et quels beaux et graves horizons! Les sapins étagés sur les collines voisines arrivent jusqu'au bord de l'eau. Quand on revient de Djurgarden (qui est une sorte de Bas-Meudon du côté de la mer) le soir après un concert de la garde royale où toute la population élégante va respirer le frais, et qu'on traverse cette flottille de bateaux illuminés, je t'assure que c'est féerique. Je ne me doutais pas du charme de cette ville. Et il y fait *chaud* et jour jusqu'à dix heures! et d'une propreté!

Je t'ai dit que les Danois sont mélancoliques et doux. Ce peuple-ci est fier et plein d'une courtoisie toute castillane. Pas un mendiant, pas un importun, pas un loqueteux. Mais le premier venu, quand tu dis *Frankrik*, sourit, essaie de comprendre et se met en quatre pour essayer de causer. Ils ne tendent jamais la main et ne courbent pas l'échine. A vue d'œil je distingue un Suédois d'un Allemand. Ce n'est pas la même race. La suédoise est race d'élite, supérieure, plus adonnée aux études générales qu'aux intérêts pratiques; l'autre est subalterne, faite pour mendier quand elle est faible, et voler quand elle est forte. Les Suédois que je vois ici ont la même haine que les Danois contre les Prussiens.

Norvège, août 1879.

Je ne t'ai pas dit encore, je crois, comment on voyage dans cet étrange pays.

Habituellement c'est en bateau, car il y a des lacs presque partout. Quand il n'y en pas, on voyage en poste. Mais quelle poste, bon Dieu! Le premier jour, à Tonslevold, quand on m'a amené mon équipage, je l'ai pris pour une plaisanterie. Figure-toi une sorte de berceau, de baignoire, de petite nacelle suspendue entre deux roues, un brancard au bout, et dans ce brancard un petit cheval ébouriffé, gros comme un âne et jaune comme un veau. Je m'installe là dedans, ma valise entre les jambes, et un gamin me met en main une ficelle qui sert de guides, puis il pousse un cri, s'accroche derrière moi et le petit cheval, secouant sa crinière blanchâtre, se précipite et m'emporte par monts et par vaux jusqu'au prochain relais. Le gamin fait : *prr*..., *prr*..., et le cheval s'arrête. Là autre *karriole* (c'est le mot norvégien pour désigner le véhicule; comment est-il ainsi venu de France? mystère), autre cheval, autre gamin. Quelquefois c'est une petite fille. Mon compagnon a le même équipage. C'est ainsi que nous sommes en train de parcourir le pays qui s'étend entre le lac Mïosen et Bergen. J'aurais encore bien d'autres particularités à te conter sur ce curieux pays. Ainsi, ce matin, nous avons rencontré de bonnes femmes fumant avec dévotion leurs bonnes grosses pipes, munies d'un bon couvercle en cuivre. Elles avaient un air honnête, simple et timide, qui faisait le plus singulier contraste avec cette pipe. Figure-toi une bonne femme de chez nous ayant une grosse pipe à la bouche et tricotant le long du chemin. C'est tout à fait ça et j'y ai pensé dans le moment. Ici tout le monde fume, femmes et enfants. Du côté de Christiania, cette habitude s'est un peu perdue; mais nous sommes dans un des coins les plus sauvages de la sauvage Norvège.

Nous sommes bien payés du reste de notre peine par les beaux spectacles auxquels nous assistons. Le pays en Suède m'a laissé indifférent, sauf Stockolm qui est un charme; mais la campagne est trop plate. A la frontière norvégienne, changement brusque : le pays devient accidenté, gracieux, joli. Les environs de Christiania sont renommés pour leur beauté. Jusqu'à Randsfort ensuite, c'est le haut Jura, puis la Suisse avec ses glaciers. Il y a tel coin qui ressemble absolument aux pentes du Brunnig, au canton d'Uri et d'Unterwald, avec plus de largeur et des myriades de cascades. C'est le pays des cascades. Il y en a qui arrivent du sommet de la montagne. Figure-toi le Doubs tombant du haut du mont d'Or!

Maintenant, où nous sommes ce soir, au pied du Strigunôs et du Buletind, c'est quelque chose qui ne ressemble à rien de ce que j'ai vu et qui est colossal, grandiose, étrange et écrasant. C'est ce que je pressentais vaguement quand je désirais tant voir la Norvège qui est le vrai but de mon voyage.

Demain matin nous avons projeté l'ascension du Strigunôs qui offre, dit le *Guide*, « un des spectacles les plus grandioses d'Europe. » Je verrai si j'y trouve la *fleur de neige* que j'ai cherchée dans les fentes des glaciers en gravissant ce soir le Pile-jerd.

En bateau. — Côtes de Norvège. — 14 août 1879.

Hier soir nous avons donc été obligés de jeter l'ancre vers les cinq heures, à cause du brouillard intense. Des paysans qui faisaient les foins dans de petites îles voisines sont venus sur leurs barques nous donner des renseignements...

Nous étions depuis déjà une demi-heure retournés du côté du Sud. Ces paysans avaient l'air de sauvages. Pieds nus, mouillés, vêtus de presque rien, avec de grandes figures étonnées, ils m'ont rappelé les sauvages qui envahissent le vaisseau au troisième acte de *l'Africaine;* de tous côtés, il en apparaissait sortant de la brume. Ils circulaient, regardant curieusement la machine; nous leur avons donné du tabac et ils sont rentrés dans leurs ténèbres. Quel foin peuvent-ils bien faire sur ces rochers arides et déchiquetés?

Notre capitaine, un superbe et aimable homme du Nortland, pour empêcher la tristesse de nous envahir, s'est mis au piano et nous a joué des airs norvégiens, il a chanté et a invité les passagers à l'imiter. Tout le monde s'y est prêté de bonne grâce ; les dames, dans l'intervalle des chansons, jouaient un air sur le piano. On m'a demandé un air français ; je me mettais en mesure de chanter un morceau d'Auber ou de Gounod ; mais on a tellement insisté pour que je chantasse *la Marseillaise* que je me suis exécuté et, par un effort de mémoire, j'ai retrouvé les sept couplets. Du reste, personne ne sachant le français, quand un vers me manquait, j'intercalais n'importe quoi. Mais cet air est vraiment tellement beau, qu'au refrain, tout le monde chantait avec moi. On eût ainsi indéfiniment chanté, si un pasteur ne s'était mis à prendre la Bible, qui est toujours sur la table, et n'eût commencé à chanter le psaume de David : *In exitu Israël* et en s'accompagnant d'une mélopée plaintive et soporifique. Chacun s'enfuit.

. . . .

Dans l'hôtel où je suis, il n'y a que des Anglais, des Allemands ; personne ne parle français : je n'ai pas rencontré un seul Français. Dans mon voyage, si je n'avais pas su l'allemand, je ne sais comment je m'en serais tiré. Nous ne sommes plus ici dans les hôtels suisses. Vraiment je suis très attristé de cet effacement complet de la France dans ces pays scandinaves, où cependant on a pour notre pays tant de sympathies. Mais on ne nous connaît plus et, dans le peuple, si l'on demande à quelqu'un : « Parlez-vous français? » il sourit comme si on lui demandait une chose extraordinaire. Tout le monde sait ou l'anglais ou l'allemand. L'Angleterre est en train de conquérir ce pays par ses touristes et ses fabricants. Tout ce que je vois sur le bateau est de provenance anglaise. Tout cela est bien fâcheux; mais comme je n'y puis rien, je vais passer la soirée avec mon vieux professeur norvégien.

Dimanche, 17 août 1879.
En bateau sur le lac Mïosen.

Ma chère sœur,

Je suis depuis une heure sur un lac qui passe pour le plus beau de la Norvège et qui a, entre autres qualités, celle de creuser singulièrement l'estomac. Aussi pour attendre le dîner qui se prépare, je vais te donner de mes nouvelles, afin de réserver toutes mes forces admiratives pour l'heure de la digestion. Il fait un temps superbe, c'est dimanche, tout le monde est en fête et paraît gai, de cette gaieté douce et réservée qui est le caractère de la race scandinave. Seule, dans un coin, une pauvre femme, en deuil, qui revient d'un enterrement, pleure silencieusement. C'est l'éternel contraste des choses humaines. J'ai trouvé à Drontheim une sorte de petit chemin de fer, avec de petits wagons blancs et une grosse cafetière en guise de locomotive, qui m'a amené sur les bords de ce lac... mais il y a mis le temps! Ce chemin de fer, tout petit et nouveau-né, s'arrête pour dîner, pour goûter, et pour coucher, puis on repart le lendemain à huit heures quand tout le monde est prêt. Le chef de gare, qui a l'air moitié d'un pasteur, moitié d'un maître d'école, monte dans les chambres pour voir si vous avez pris votre café et si vous êtes disposés à continuer la route.

C'est ainsi que de Drontheim nous sommes venus dîner ici.

Christiania, 18 août 1879.

Un de mes chefs de bureau m'écrit qu'il est allé aux Tuileries voir le local qu'on me réserve, il me dit que c'est un cabinet splendide, au premier, au-dessus du guichet des Lions, avec un magnifique balcon doré donnant sur la Seine, à l'instar du balcon de Charles IX.

Hélas! tant de grandeurs ne me touchent plus guère! une bonne fricassée de renne, dans un chalet bien blanc sur la montagne, une bonne petite karriole que je conduis *moi-même* pendant 250 kilomètres, comme de Jougne à Lyon! — Voilà ce qui me fait autrement de plaisir. Car enfin un des grands attraits de la Norvège était pour moi cette karriole que je conduisais *moi-même!* — Une autre raison, du même acabit, était le désir de cueillir moi-même la *fleur de neige* ou la *fleur d'angsoka*. R. m'écrit encore aujourd'hui : « J'ai déplié ta lettre avec des précautions infinies, tant j'avais peur de froisser la fleur de neige. A tout prix il nous en faut une, que l'on mettra cet hiver sur le piano, quand on jouera la marche suédoise. » Vainement j'avais cherché ladite fleur sur les âpres sommets du Tile (jelo), vainement je l'avais demandée à tous les passants. Dans mon petit chemin de fer de l'Osterdalen, le conducteur du train, sachant que je désirais une fleur particulière à la Norvège, s'évertuait à chaque station à courir dans les champs voisins et m'apportait de pauvres petites fleurs que nous avons chez nous. A la dernière station qu'il faisait avec moi, il arrive tout joyeux et m'offre triomphalement... une *pensée*, la seule qui fût dans le maigre jardin du chef de gare. Ce n'était pas encore cela! mais pour ne pas lui faire de peine j'ai serré précieusement cette pensée dans mon portefeuille. Puis j'ai bêtement tendu une pièce d'argent à ce brave garçon, qui l'a repoussée avec une tristesse dédaigneuse, et qui m'a fait dire par mon vieux professeur, qu'il aimait la France, que lorsqu'il a son jour de repos à Drontheim, il paye un professeur pour apprendre le français et qu'il était heureux de faire plaisir à un Français. Sur quoi je lui ai donné une bonne poignée de main et je lui ai offert un cigare et un numéro du journal de Pontarlier dont j'avais deux exemplaires. Là-dessus mon vieux Norvégien me dit : « J'ai beaucoup réfléchi à vos deux fleurs. La fleur d'angsoka doit être cette plante très aimée des Lapons, très répandue dans le Nord de notre pays et que les Lapons appellent *angselika*, d'où vous avez fait *angsoka*.

Alors c'est l'angélique ! m'écriai-je. Justement. Qui l'eût cru? que je pouvais me dispenser de venir à 3000 kilomètres de Pontarlier pour trouver ce qui se trouve chez Roussel, confiseur, en cette capitale ! Et la fleur de neige ? Herr Doctor, ajoutai-je, « ce doit être une petite fleur d'un violet pâle, que les botanistes appellent *Linnæa borealis*, et qui croît de préférence dans les îles du golfe de Christiania. Je vais aller avec vous à Christiania pour la chercher, j'aurai en outre le plaisir de vous montrer ma maison. » Et voilà mon homme qui, après avoir abrégé sa visite à sa sœur de Drontheim pour faire une partie de la route avec moi, voulait complètement laisser de côté sa deuxième sœur d'*Elverum* pour rentrer tout

8.

de suite. Heureusement la dite sœur l'attendait au passage et moi aidant, l'a forcé à s'arrêter. Il n'a été tranquille qu'après m'avoir remis entre les mains du chef de la comptabilité des chemins de fer de l'État qui voyageait avec sa femme et ses trois filles! C'est avec toute cette smalah que je viens de débarquer dans la capitale de la Norvège!

19 août.

Hier toute la journée je me suis mis en quête du *Linnæa borealis*, ma fleur de neige. J'ai exploré le golfe et ses jolies îles. Rien ! Alors je me rappelai l'adresse d'un savant, dont l'excellent M. de Stockolm m'avait donné l'adresse. Le « Doctor » me dit : « La petite fleur est impossible cette année : il vient en médio-juni et non en médio-juli. Allez cependant voir sur le Frögnersöteren. »

C'est à 10 kilomètres dans la montagne. On n'y peut grimper qu'en karriole. Je fus à la poste où l'on m'attela un joli cheval, non plus norvégien mais danois, et me voilà conduisant ma karriole au grand trot, à travers la grande rue de Christiania. Puis on traverse des champs, des prés, une charmante forêt de sapins comme celle du bois de Ballaigues, mais en grimpant, comme pour aller au Suchet, et l'on arrive à un joli chalet appartenant au consul de Suisse, dont on vous fait les honneurs. Puis on vous conduit sur une immense tour en bois, où alors on ne pense plus à la fleur de neige.

Au sud la ville de Christiania et son beau golfe bleu, et ses myriades d'îles verdoyantes et jusqu'à la haute mer, au Skager-Rack.

A l'est jusqu'à la Suède.

Au nord les sommets déchirés de l'Osterdal, les grandes forêts de sapins qui entourent le lac Mijosen.

A l'ouest enfin la chaîne du Thilemarken, de l'Hallingdal, au sommet de laquelle se dresse le Gausta, qui est le Mont Blanc de la Norvège! C'est féerique! Pour terminer mon voyage, c'est le bouquet.

Au pied de la tour, on offre un verre de lait. Et le *Linnæa borealis*? ajoutai-je. Il n'y a pas de fleurs si haut dans la montagne, il faut descendre dans le golfe.

Je descendis désespéré et insensible aux sauts de mon cheval. Cette descente me faisait l'effet de la balançoire allant très vite.

Il était neuf heures quand ma karriole me

déposait à l'hôtel Scandinavia, mais ici on voit clair jusqu'à dix heures, et l'hiver on ne voit clair qu'à midi. Le portier me dit : « Voilà une lettre qu'une jeune dame est venue apporter pour vous. » J'ouvre. C'était mon vieux professeur qui avait écrit à sa fille d'aller me chercher la fleur de neige et qui me disait :

« Les *Linnæas borealis* n'avaient plus de fleurs. Inclus la plante en souvenir d'Osterladen. » Signé. Enfin ! nous y voilà. Conserve cette plante dont je t'envoie un fragment. Je garde le reste avec la *pensée* du conducteur. Ces simples souvenirs me rappelleront toujours ce beau pays de Norvège et ses habitants, si bons, si doux, si intelligents, que je ne puis quitter sans attendrissement ; je m'embarque sur un vaisseau danois, le *Christiania*. Mon beau voyage est terminé. J'ai bien de la peine à tourner le feuillet.

Paris, 25 août 1879.

Ma chère sœur,

Mon retour s'est effectué bien tristement, non que j'aie eu aucun accident ni contre-temps. Mais le bateau que j'avais pris à Christiania n'a pu correspondre à aucun bateau français ou hollandais, qui m'eût rapatrié, sans passer de nouveau par l'Allemagne. Comme j'avais quatre jours devant moi, j'ai utilisé ce temps en étudiant un peu nos terribles voisins. — Au lieu de revenir par Hambourg, j'ai pris par *Lubeck*, ville ancienne, très curieuse avec ses vieilles maisons à pignons. Mais qu'est-ce que je vois devant les fenêtres de l'hôtel? Une pyramide en l'honneur de la victoire du 76e régiment hanséatique. Et quelle victoire :

Pontarlier, 31 janvier — 1er février 1871.

J'ai pris le train et suis venu à Hanovre. Dans mon compartiment prennent place cinq officiers, le colonel en tête, du dit 76°, qui tout le temps parlent de leurs victoires et de leurs exercices militaires. Je sors du train à Hanovre et monte dans celui de Cologne. J'ai un capitaine de uhlans en face de moi, qui a des airs insolents. Je prends le bateau pour Mayence et là du moins je suis en paix. Pas d'officiers prussiens et pas de Français. Je vois avec plaisir que les Français ne vont plus en Allemagne. — Deux curés prussiens veulent engager la conversation. Je leur réponds que je ne parle que norvégien.

A Mayence, j'ai passé mon temps à voir manœuvrer l'armée prussienne et à étudier les fortifications. Eh bien! en mon âme et conscience, nos soldats manœuvrent tout aussi bien et nos chevaux me paraissent plus solides, plus forts. De Mayence par Francfort, Heidelberg, Rastadt et Carlsruhe, je suis venu à Strasbourg. Sur la promenade, deux musiques prussiennes jouaient : pas un habitant pour les entendre. Les officiers buvaient du champagne et riaient à gorge déployée. Que c'était donc triste! Puis, je suis venu à Metz où j'ai passé mon après-midi hier dimanche à visiter le champ de bataille de Gravelotte. Des tombes partout! Celle que le maire de Metz a fait élever aux soldats français porte ces mots : « Malheur à moi! fallait-il naître pour voir la ruine de mon peuple, la ruine de la cité, et pour demeurer au milieu d'elle pendant qu'elle est livrée aux mains de l'ennemi! » (*Macchab.*, ch. VII, vers. 7.)

Je n'ai pu avoir les yeux secs au souvenir de ce grand malheur et j'ai pris le train à minuit.

Alger, mercredi, septembre 1883.

Nous arrivons aux Trappistes de Staouéli. Les couvents me font toujours froid. Celui-ci est particulièrement lugubre; on y lit des sentences lamentables, qui vous donnent envie de se jeter dans la mer pour arriver au plus vite à cette mort qui est l'objet de leurs vœux. Pour moi je ne connais rien de plus impie que de préférer la mort à la vie, qui nous permet de faire tant de bonnes choses, à condition qu'on y tienne à deux principes : la santé pour soi, — et le dévouement pour les autres.

Ils sont là cent vingt vieux, tristes, maigres, murmurant des prières en latin, ou errant silencieux autour d'une fontaine à filet grêle, ne mangeant jamais de viande, se levant à minuit l'été, à une heure l'hiver, ayant sept offices par jour, chacun d'une heure; ils sont exténués; couchant sur de simples paillasses sans se déshabiller; ils ne sont jamais reposés, ni propres. Aussi ne peuvent-ils rien faire par eux-mêmes, comme me le disait très bien le supérieur des Frères Blancs de Misserguin; ils emploient quatre cents ouvriers arabes ou espagnols, qu'ils soignent du reste très bien, auxquels ils donnent de la viande.

On nous offrit à déjeuner, ainsi qu'à trois ou quatre dames fort aimables et fort jolies d'Alger, qui avaient été consignées à la porte pendant que leurs maris visitaient le couvent avec nous. Seul le frère portier, un ancien zouave, a mission d'être gai pour toute la maison.

Je lui dis : « Mon père, montrez-moi donc votre tombe que vous creusez chaque jour. » Il me répond : « Ah! vous croyez ça, vous? C'est Chateaubriand qui a inventé toutes ces histoires pour faire de la poésie. C'est comme : « Frère, il faut mourir! » Tout ça, c'est de la blague! » (*Textuel.*)

Constantine, 20 septembre 1883.

La ville arabe est un enchevêtrement diabolique de ruelles dont les murs se réunissent au sommet des maisons, ou plutôt ont l'air de s'appuyer l'une sur l'autre pour ne pas s'effondrer. De chaque côté, dans des taudis bas, et sans autre fenêtre que l'absence de porte, grouillent des Arabes, des Juifs sordides, des gens de toute espèce exerçant tous les métiers et toutes les professions. Le nombre des cordonniers est prodigieux; c'est étonnant dans un pays où l'on va pieds nus. La nuit ils dorment en plein air, enveloppés dans leurs burnous. Ils ont l'air de gros sacs oubliés. On les enjambe sans qu'ils bougent.

Quel singulier peuple!

Douarnenez, le 3 juin 1885.

Ma chère sœur,

Me voici à l'extrémité de la France. Regarde sur la carte cette longue pointe qui va de Quimper à l'île de Sein, par Douarnenez et Audierne. Il y a 40 kilomètres pour atteindre la Baie des Trépassés et la Pointe du Raz, d'où j'arrive ce soir, moulu d'avoir grimpé dans des rochers au-dessus de la mer. Le temps est splendide, en sorte que ce promontoire, qui passe pour le plus dangereux de toute la côte, était aujourd'hui doux comme le lac Saint-Point. C'est dans ce passage, entre l'île de Sein et la Baie des Trépassés, que le matelot breton fait cette prière : « Mon Dieu, protégez-moi dans le passage du Raz, car ma barque est si petite et la mer est si grande. »

Enfin, grâce au beau temps, j'ai pu atteindre

le point le plus occidental de l'ancien monde et causer avec le dernier Français de l'ouest de France. Ce promontoire qui borne la côte est vraiment solennel. J'y suis resté plus d'une heure, couché à l'ombre de mon parapluie et rêvant des druides, qui ont eu là leur dernier autel, et des grands navigateurs, comme Christophe Colomb, qui ont osé se lancer dans l'inconnu.

Ainsi la vie et l'expérience, qui si souvent aigrissent les caractères, donnaient à Émile Roux toujours plus de douceur et de sérénité.

Marié en 1885 avec une compagne digne de lui, qui honorait son foyer et savait le lui faire chérir, adorant sa petite fille avec cette tendresse infinie de ceux qui sont devenus pères dans la maturité de l'âge, d'autant plus attaché à ses fonctions de directeur des Affaires départementales qu'il y avait acquis plus d'influence et plus d'autorité, jouissant auprès de ses administrés d'une popularité fondée sur les services rendus et qui allait jusqu'à l'affection, en pleine possession des facultés si souples et si variées de son esprit, satisfait du présent, tranquille sur l'avenir, il avait le rare privilège de se tenir pour un homme heureux.

Il le disait avec bonne humeur, à l'un de ses

plus vieux amis, dans une promenade, qu'après tant d'autres ils faisaient ensemble aux environs de Paris, le dimanche 8 décembre 1889. Accompagné de leurs enfants, ils visitaient le Mont Valérien, et, comme au temps du collège, parlaient de la République et de la patrie.

Au retour, en traversant le bois de Boulogne, ils devisaient du passé, se rappelaient leur arrivée le même jour à Sainte-Barbe, en 1862. Que d'événements depuis leur premier entretien dans l'étude de Baldé! Ils revenaient sur la carrière parcourue et Roux se montrait toujours reconnaissant aux personnes et aux choses. Parmi tant de qualités de son caractère, celle qui s'était le plus épanouie, c'était la bonté. Parlant en souriant des démarches qu'il ne se lassait point de faire et de si bonne grâce, quand des solliciteurs, toujours plus nombreux, avaient recours à son crédit : Que veux-tu, répétait-il, comme il l'écrivait à sa mère il y avait longtemps déjà :

« Une fois qu'on s'est occupé de quelqu'un on a sa clientèle pour tout le reste de sa vie. Le *protectorat* devient une corvée sans cesse renaissante. Au demeurant, il est fort agréable de rendre service, surtout aux ingrats, parce que c'est un moyen de s'apprendre à faire le bien pour le bien seul. »

Dix jours après, le mercredi 18 décembre 1889, un malheureux fou, dont il n'avait jamais été que le protecteur et l'ami, entrait dans son cabinet du Pavillon de Flore et le tuait d'un coup de revolver.

En suivant son cercueil, ses amis rappelaient les paroles qu'Émile Roux avait prononcées quatre ans plus tôt, sur la tombe de son compatriote M. Émile Vandel :

« Aussi n'est-ce pas lui que nous plaindrons. Ceux-là seuls sont malheureux qui ont été des paresseux ou des égoïstes. La loi de l'humanité peut se résumer en deux mots : Travail et Dévouement. *Nous n'emportons de cette vie que la perfection donnée à nos âmes et le souvenir du bien que nous avons fait.* Heureux celui qui se présente au seuil de l'éternité avec une ample moisson de bonnes œuvres, entouré de l'amour des siens, des sympathies de ses concitoyens et de l'estime de tous les honnêtes gens. »

Léon Robert.

APPENDICE

*Extraits du Journal de Pontarlier
du 22 décembre 1889.*

Atteint assez gravement par cette épidémie de grippe qui me retient à la maison depuis près de quinze jours, je n'ai pas eu la triste consolation de rendre les derniers devoirs à mon ami. Cette absence, bien qu'involontaire et forcée, dans des circonstances si tragiques, me poursuit comme une sorte de remords. J'évoque cette chère image, et les souvenirs me reviennent au cœur, tous tendres et aimables, mais mêlés d'une mélancolie dont les jours qui s'écoulent ne font que redoubler la douloureuse amertume.

La grande différence d'âge avait mis dans nos premiers rapports une réserve, qui, du reste, n'était pas sans quelque charme; puis peu à peu, l'accoutumance aidant, et aussi la communauté des sentiments, nos relations s'étaient resserrées jusqu'à l'intimité. Émile Roux ne se livrait guère.

Il se tenait sur ses gardes, comme tous ceux qui ont combattu, seuls et abandonnés à leurs seules ressources, le grand combat de la vie. Aussi n'allait-il pas au-devant des gens ; il les regardait venir, et ne leur donnait son amitié qu'à bon escient. Seulement, une fois donnée, il ne la reprenait plus.

Jamais il n'y eut guide plus sûr, ni confident plus discret. Je pourrais dire ici combien de peines morales il a soulagées ; combien de réconciliations il a opérées ; combien de situations compromises et presque perdues il a sauvées et rétablies... Mais j'aurais scrupule à ébruiter après sa mort ce qu'il a tenu si soigneusement caché pendant sa vie.

Ceux qui, dans nos montagnes du Doubs, voyaient pour la première fois cet homme d'un extérieur simple, d'un abord un peu froid, ne se doutaient guère qu'ils avaient sous les yeux un des personnages les plus influents et les plus considérés de Paris. C'était pourtant la vérité.

M. Poubelle, préfet de la Seine, disait le lendemain de son décès : — « Nous ne remplacerons pas cet administrateur. » — Et il ajoutait : — « Jamais je n'ai eu à reviser ni à réformer une seule des décisions prises par M. Roux, tant elles étaient marquées toutes au coin de la bonne jurisprudence et du bon sens. » — Voilà, certes, un magnifique éloge.

On sait combien les communes suburbaines de Paris ont des intérêts complexes et opposés. Or, Émile Roux avait trouvé l'art d'aplanir ces difficultés : non seulement il calmait les susceptibilités des maires de la banlieue, mais il gagnait leur confiance et leur estime au point de s'en faire des amis. Non pas, certes, en les flattant et en faisant toutes leurs volontés, mais en se montrant juste et impartial. Car il avait deux grandes qualités : d'abord il ne promettait que ce qu'il pouvait tenir ; ensuite il savait refuser. La probité était le fond de son caractère, une probité stricte, mais tempérée par une grande bienveillance pour les hommes et une grande volonté de bien faire.

On juge quel crédit cette haute situation devait lui donner dans les ministères, et dans toutes les administrations de la capitale. Or, cette influence, due à son travail et à son mérite, il en usait indirectement pour tous ses compatriotes. Et non seulement il en usait, mais il la prodiguait, sans crainte de l'épuiser jamais. Il accordait sa protection à tous, et les plus pauvres étaient toujours sûrs d'être les mieux accueillis.

Les Parisiens ont vu, non sans émotion, se détacher sur le char funèbre une magnifique couronne avec cette inscription : *La commune de Jougne à son enfant*. Oui, il l'était bien l'enfant de Jougne. Il aimait son pays natal avec tendresse, avec passion. Là, il connaissait tout le monde et tout le monde le connaissait et l'aimait. Aussi sa perte a-t-elle été pour ces braves gens un vrai deuil de famille. L'incendie de Jougne avait été un des grands malheurs de sa vie. Il en parlait toujours, et ne s'en consola jamais. Il s'était réservé dans la maison héréditaire un asile, une sorte de refuge où il espérait venir se reposer tous les ans de ses travaux, jouir du soleil, de la beauté des grandes forêts et voir grandir, au milieu de l'affection de tous, sa fille bien-aimée.

Une main scélérate, inconsciente peut-être, a brisé brutalement ce beau rêve : mais ce qu'elle n'a pu briser c'est le sentiment d'affection et de pieuse reconnaissance dont la commune de Jougne entourera la mémoire de son enfant.

Dionys Ordinaire.

LES OBSÈQUES D'ÉMILE ROUX

La triste cérémonie a eu lieu samedi, avec toute la solennité, avec toute l'affluence imaginables. Puissent ces témoignages touchants de l'estime et de l'affection qu'avait su inspirer notre cher ami à toute une grande ville, comme Paris, adoucir les vifs regrets et la profonde douleur de ses compatriotes et de ceux qui lui touchaient de plus près ! Paris a fait à notre ami des funérailles splendides, une foule immense l'a reconduit à sa dernière demeure. Il est rare que Paris s'émeuve ainsi, que son cœur batte avec cette force pour un des siens. Mais la grande capitale oublie vite ; d'autres soucis, d'autres deuils entraînent bientôt sa pensée vers d'autres objets. C'est dans le cœur de ses compatriotes, c'est-à-dire de ses amis, c'est dans ce petit coin de Jougne, qu'il aimait tant, que le souvenir d'Émile Roux restera impérissable.

La cérémonie de samedi était une manifestation grandiose. — Vous savez que le Conseil général de la Seine avait décidé qu'elle se ferait aux frais du département. Longtemps avant midi, une foule nombreuse se pressait devant la maison mortuaire, 2, rue Pigalle, et dans les rues avoisinantes. M. Roux étant chevalier de la Légion d'honneur, une section du 131ᵉ de ligne attendait, l'arme au pied, la levée du corps. Une section de sapeurs-pompiers de la ville de Paris, très nombreuse et commandée par le colonel, prêtait aussi son concours à la cérémonie. Un grand nombre de couronnes avaient été envoyées. Celle de Jougne, portée en tête, était très remarquée. Elle portait l'inscription suivante, touchante en sa simplicité : « La commune de Jougne à son enfant! » Plusieurs communes des environs de Paris, celles de Sceaux, de Clamart, de Châtillon et d'autres encore avaient aussi envoyé des couronnes. Le char funèbre était couvert de fleurs offertes par les amis du défunt. A midi précis, le convoi se rend à l'église de la Trinité; les cordons du poêle étaient tenus par MM. Poubelle, préfet de la Seine, Viguier, président du Conseil général, Babut, chef de division à la préfecture, et Casimir Périer, vice-président de la Chambre des députés. Le deuil était conduit par M. Jules Roux, frère de M. Roux, et par son neveu, M. Pagnier.

Il est impossible de citer tous les personnages

distingués qui assistaient à la cérémonie. L'église de la Trinité, si vaste qu'elle soit, était trop petite pour contenir la foule qui s'y était donné rendez-vous. Des sénateurs et des députés, la plupart des hauts fonctionnaires de la ville et des administrations de l'État, les membres du parquet, toute cette élite de la science et de l'esprit, où M. Roux avait tant d'amis personnels et tant de sympathies, une quantité d'employés de la ville, de maires et de citoyens de la banlieue, tous les Comtois présents à Paris, jusqu'aux plus humbles et aux plus affairés, s'y trouvaient réunis.

Après la cérémonie, le cortège, avec la longue rangée des couronnes portées à bras d'homme et les escortes militaires, s'est dirigé vers le cimetière Montparnasse. Des sonneries de clairon retentissaient de minute en minute. Le cortège marchait dans l'ordre suivant :

La famille; délégation du Doubs; conseil de préfecture; membres du conseil général et du conseil municipal de Paris; maires de Paris, direction des affaires départementales, direction des affaires municipales, travaux, finances, enseignement, caisse, assistance publique, octroi, mont-de-piété, préfecture de police, public, etc.

Au cimetière, où une foule respectueuse et recueillie attendait, comme sur tout le parcours, l'arrivée du cortège, plusieurs discours ont été prononcés, rendant hommage les uns aux vertus publiques, les autres aux qualités privées de notre ami regretté. M. Dionys Ordinaire, notre député, que les liens d'origine et sa profonde affection pour Émile Roux désignaient pour prendre la parole au nom de l'arrondissement de Pontarlier, se trouvait, malheureusement, sérieusement souffrant et alité, et avait dû, à son grand regret, renoncer à l'accomplissement de ce devoir. M. Casimir Périer, vice-président de la Chambre, ami intime de M. Roux, a exprimé en termes éloquents et émus la douleur que cette fin imprévue et tragique laisse au cœur de tous ceux qu'a aimés Émile Roux.

Voici le texte de son discours :

Discours de M. Casimir Périer,
Vice-Président de la Chambre des députés.

Au nom des amis d'Émile Roux, prendre la parole sur cette tombe, c'est, je le crains, trop présumer de mes forces. Il fallait me laisser pleurer et ne pas me demander de dire ce que j'éprouve. Vous me comprenez, vous tous auxquels il ouvrait son cœur, vous tous qui avez été, comme moi, mêlés aux tristesses et aux joies de sa vie ; vous le savez, quel ami nous perdons.

On vous a parlé de l'homme public, on vous a parlé du citoyen ; par ce qu'il donnait de lui-même à son devoir et à son pays, vous pouvez deviner, messieurs, ce que donnait à l'amitié ce cœur généreux et fidèle : je lui ai souvent demandé des conseils et je n'ai jamais rencontré un homme mettant avec un dévouement plus absolu au service de ses affections, un jugement plus sûr, ni une plus haute raison.

Je lui ai parfois donné des avis; quelle âme était plus confiante et plus facilement pénétrée de reconnaissance? Je l'ai eu pour me consoler dans de cruelles épreuves, celui que je pleure aujourd'hui, et je n'ai jamais trouvé un sentiment plus tendre et plus respectueux d'une douleur amie. Il était incapable de banalité et son honnête et franche figure était l'image d'une nature loyale et droite, qu'on est fier de dire bien française.

Il était, messieurs, un exemple pour nous, car jamais volonté ne fut plus maîtresse d'elle-même; c'est le bon sens et la raison qui avaient réglé sa vie; il avait si impérieux le sentiment du devoir, qu'il trouvait toujours naturel et facile de le remplir et, si lui aussi a parfois eu des amertumes, il n'a jamais dû connaître la tristesse qui vient de la conscience : c'est l'honneur d'un honnête homme et c'est aussi sa récompense.

Vous vous souvenez avec quelle joie sérieuse et calme il nous parlait, il y a quelques années, de celle qui devait devenir la compagne de sa vie; nous avons été ensuite les témoins heureux des douceurs qu'il a goûtées au foyer domestique; nous avons souvent recueilli de sa bouche le témoignage de son bonheur; nous l'offrons aux siens comme la seule consolation qui soit digne de leur détresse : qu'ils ne la repoussent pas, eux qui l'ont si bien méritée!

Je sens, hélas! combien je suis incapable d'apporter aucun autre adoucissement à ceux qui pleurent devant cette tombe et, dans une pareille épreuve, l'amitié qui souffre ne peut que tendre la main à une famille éplorée et confondre avec elle des sanglots qui étouffent, mais qui surpassent les discours, et des souvenirs dont le temps n'est pas le maître.

M. de Jouffroy, député, très ému, a rappelé la part importante que M. Roux avait prise aux débats du conseil général du Doubs, les rapports affables qu'il entretenait avec ses collègues; sa compétence administrative et son ardeur au travail en faisaient un conseiller extrêmement précieux, et l'assemblée perd en lui un collaborateur inestimable.

D'autres discours ont été prononcés au nom de la ville et de l'administration par MM. Laurenceau, secrétaire général de la préfecture de la Seine; Viguier, président du conseil général de la Seine; et Babut, chef de division à la préfecture de la Seine. Ils donneront une idée de l'importance de la perte qu'a faite l'administration parisienne.

Enfin, M. le maire de Nanterre s'est fait l'interprète des regrets de ses collègues des communes de la banlieue.

Discours de M. Laurenceau,
SECRÉTAIRE GÉNÉRAL DE LA PRÉFECTURE DE LA SEINE.

Après avoir rendu hommage aux qualités de cœur de M. Émile Roux, M. Laurenceau s'est exprimé en ces termes :

C'est là surtout, dans ce service qu'il aimait, et où

son activité trouvait un aliment, qu'Émile Roux a donné la mesure de ses précieuses qualités d'administrateur et d'homme de bien. Il connaissait à fond toutes les communes du département; marcheur infatigable, il consacrait même ses loisirs à de longues promenades dans cette banlieue qu'il aimait et dont il défendait les ntérêts avec tant de passion.

Quel est le maire, quel est le conseiller municipal qui n'a pas connu et apprécié sa franche cordialité? quel est l'officier de sapeurs-pompiers qui ne se rappelle combien il aimait à présider leurs réunions annuelles, et combien il appréciait leur dévouement?

Avec quelle bienveillance il recevait tous ceux qui se présentaient dans son cabinet! Conciliant et ferme à la fois, scrupuleux observateur de la loi, toujours prêt à se rendre à l'appel des municipalités, que de difficultés n'a-t-il pas aplanies?

Aussi tous l'estimaient, tous l'aimaient, et les nombreuses délégations du département qui sont venues apporter ici l'expression de leur profonde tristesse sont un témoignage vivant plus éloquent que tous les discours.

Le service de l'assistance départementale était également l'objet de ses préoccupations constantes. Profondément touché des souffrances de tous les déshérités, l'homme de cœur se révélait là tout entier. Que de fois ne l'ai-je pas entendu, lors de nos visites dans les asiles avec la troisième Commission du conseil général, discuter avec compétence et soutenir avec passion tout ce qui pouvait apporter une amélioration au sort des malheureux! Là encore sa mort va causer un grand vide, et Roux sera vivement regretté par les membres. des Commissions de surveillance qui l'ont vu à l'œuvre et par tout le personnel des établissements dont il avait la haute direction.

La division du recrutement et de la mobilisation lui fournissait enfin le moyen de servir sa patrie en temps de paix comme il l'avait courageusement défendue en temps de guerre, et son patriotisme nous permettait d'envisager avec calme le moment où ce service aurait eu à faire face, sous sa direction, à une éventualité quelconque.

Si la mort d'Émile Roux, messieurs, est une perte irréparable pour le département de la Seine, la République perd également en lui un de ses plus fermes et plus dévoués serviteurs.

Aussi le conseil général, s'associant aux regrets unanimes, lui a-t-il donné un éclatant témoignage d'estime et de sympathie, en décidant que ses obsèques auraient lieu aux frais du département.

Tel était, messieurs, l'homme qu'une horrible catastrophe vient de nous enlever.

Et maintenant, devant cette tombe ouverte, en présence de cette foule émue, nous ne pouvons plus, hélas ! qu'offrir à sa veuve, si cruellement frappée, et à sa famille, l'expression de notre douloureuse sympathie.

Quant à vous, mon cher Roux, nous garderons votre souvenir profondément gravé dans notre mémoire, et c'est du plus profond du cœur, cher ami, que je vous adresse le suprême et dernier adieu de l'administration tout entière.

Adieu, mon cher Roux, adieu !

Discours de M. Paul Viguier,
Président du Conseil général de la Seine.

Messieurs,

J'apporte devant cette tombe, si brutalement ouverte, l'expression des vifs et unanimes regrets du conseil général de la Seine. Le conseil n'est lui-même en cette circonstance que l'interprète des sentiments de stupeur qui ont accueilli, dans toute l'étendue du département, la nouvelle de l'attentat qui a mis fin aux jours d'Émile Roux.

Cette mort prive le conseil général de son plus éminent collaborateur. J'ai le cruel honneur d'avoir à rendre hommage devant vous à cette virile et chère mémoire, et je ne puis, dans l'accomplissement de cette tâche douloureuse, que m'associer aux justes témoignages que viennent de nous faire entendre avec une éloquence si communicative M. le secrétaire général de la préfecture de la Seine, parlant au nom du gouvernement, et M. le conseiller général du Doubs, au nom de l'assemblée à laquelle il appartenait.

Quand c'est la maladie et la loi inexorable de la nature humaine qui s'appesantissent sur l'un des hommes distingués qui sont à la tête de nos services, — comme cela est, hélas! arrivé trop souvent dans ces desnières années, — il semble qu'une sorte de résignation, résultant d'inquiétudes préalables, vient tempérer ce que ces pertes peuvent avoir de désastreux.

Mais quand c'est le crime, imprévu, foudroyant, aveugle, qui supprime un homme de cette valeur, en pleine vie, en pleine force, en pleine santé, il semble qu'on assiste à une révolte unanime de toutes les consciences, et que l'accablement public s'accroît, portant un double deuil, celui des mérites passés et celui des espérances perdues pour l'avenir.

C'est une émotion de ce genre qui a saisi toute l'assemblée à l'Hôtel de ville, lorsque, mercredi, à l'ouverture de la séance du conseil municipal, l'administration préfectorale nous a fait parvenir la fatale nouvelle. Beaucoup d'entre nous, assurément, perdaient un ami : la profonde douleur de tous les assistants disait assez que les compassions personnelles n'étaient pas seules mises en jeu ; la première heure de la séance s'est écoulée dans une sorte de recueillement. C'est sous cette forme attendrie et touchante tout à la fois, que se sont manifestés les sentiments du conseil municipal de Paris avec une force et une spontanéité dont le conseil général de la Seine, réuni deux jours plus tard, a tenu à prendre sa part en s'en faisant l'écho reconnaissant.

M. le secrétaire général vient de nous rappeler la carrière administrative, si courte et si bien remplie, de M. Roux ; il nous l'a montré franchissant régulièrement et brillamment tous les grades de la hiérarchie, laissant partout et à tous la conviction de sa valeur en même temps que le respect de son caractère et de sa droiture.

Je veux revenir, d'un mot seulement, sur ses débuts : ils sont si honorables et s'adaptent si bien à cette laborieuse existence où la faveur n'entra jamais pour rien ! En 1871, le ministre de l'Intérieur eut besoin d'un secrétaire ; au lieu de le prendre dans son entourage, il eut l'idée de le demander au doyen de la Faculté de droit de Paris. Il voulait un jeune docteur, qui appartînt à une bonne famille et fût d'une condition modeste. Le doyen désigna M. Roux.

Huit ans après, M. Roux était nommé sous-directeur

des affaires départementales, et en 1886 ses services éprouvés lui faisaient confier la direction où il s'est acquis tant de titres à notre reconnaissance.

C'est dans ces fonctions, devenues pour lui mortelles, que nous avons tous pu apprécier l'homme excellent, le ferme républicain, le jurisconsulte avisé, l'administrateur vigilant et infatigable qu'il était.

Le conseil général de la Seine a tenu à rendre solennellement hommage à sa mémoire, et à se faire auprès de sa famille l'interprète du sentiment public.

Il n'oubliera pas ce loyal serviteur du département, et lui conservera le souvenir immortel qui s'attache aux existences tout entières consacrées au devoir de chaque jour, au progrès dans les institutions générales, et à la prospérité de la République.

Discours de M. Babut,
Chef de division des Affaires départementales.

Messieurs,

Je viens rendre un dernier hommage à M. Émile Roux, directeur de l'administration départementale, au nom de son personnel.

Nous sommes encore sous le coup de la stupeur causée par le tragique événement du 18 décembre 1889.

M. Émile Roux, cet homme loyal et généreux, si distingué par les qualités du cœur et par celles de l'esprit, si indispensable à sa famille, à nous tous, dont il prévenait les justes désirs, cet homme aimant, cet homme aimé, qui avait tant de raisons de tenir à la vie, surpris au travail, a été tué sans avoir le temps de saisir le meurtrier, qu'avec sa vigueur de montagnard, il eût courbé sous lui comme un roseau. Et le voilà mort sans avoir pu se défendre, ce vaillant de 1870 !

Mais je n'ai pas à parler de cette carrière si prématurément brisée, dont M. le secrétaire général a retracé le cours.

Je veux simplement, en peu de mots, mais en toute sincérité, comme M. Roux parlait toujours, et comme il aimait qu'on lui parlât, adresser à notre infortuné directeur le dernier adieu de ceux des employés de la préfecture qui l'ont approché de plus près, et qui, par cela même, étaient animés pour sa personne d'un dévouement plus profond et plus réfléchi.

Un hasard funeste a voulu que ce dévouement restât stérile, que pas un de nous ne fût près de son directeur au moment fatal, et tout, dans cette mort, tout, jusqu'aux circonstances qui l'ont accompagnée, nous laisse les plus amers regrets.

Adieu, notre cher et bien-aimé Directeur, adieu au nom de cette famille administrative qui s'était constituée autour de vous. Elle garde à votre mémoire le plus poignant, le plus fidèle et le plus reconnaissant souvenir !

On nous communique également, à la dernière heure, le discours de M. le docteur Bailly, au nom des anciens élèves du collège de Dôle :

Messieurs,

C'est au nom des anciens élèves du collège de Dôle, au nom des amis de la première heure, que je viens apporter le dernier adieu à notre cher Émile Roux.

Il y a plus de trente ans, l'enfant, par un merveilleux assemblage des qualités du cœur, de l'esprit, nous avait fait présager ce que deviendrait l'homme.

Bon pour ses camarades, respectueux pour ses maîtres, d'un caractère aimable et enjoué, ardent au travail, il avait conquis sur les bancs du collège de précieuses amitiés, et tous nous savions que dans l'âpre chemin de la vie il tracerait son sillon toujours profond et toujours droit.

Nos espérances n'ont pas été déçues!

Émile Roux est resté fidèle à lui-même, fidèle à ses habitudes de travail, à ses amitiés d'autrefois et dans les postes les plus en vue qu'il a successivement occupés, il s'est plu à conserver inaltérables sa simplicité et sa bonhomie franc-comtoises.

Aussi, parmi ses compatriotes, ses succès toujours croissants n'avaient jamais rencontré un envieux. Tous nous y applaudissions, nous étions fiers de voir grandir chaque jour sa réputation d'administrateur infatigable et de parfait homme de bien.

Mais aussi combien a été plus cruelle pour nous la stupéfaction dans laquelle nous a plongés la nouvelle de sa fin si imprévue et si tragique!

Ni les larmes, ni les fleurs répandues sur cette tombe fatalement ouverte par le crime ou la folie, ni les éloquentes paroles tombées de haut devant cette assistance si nombreuse et si variée, ne sauraient diminuer notre douleur.

Les regrets de tes compagnons d'enfance, mon cher Roux, seront éternels! Et tant qu'il en restera un de ceux qui sont nés là-bas, dans ces chères montagnes que tu aimais tant, le souvenir de notre Émile sera précieusement gardé.

Coulommiers. — Imp. P. BRODARD.

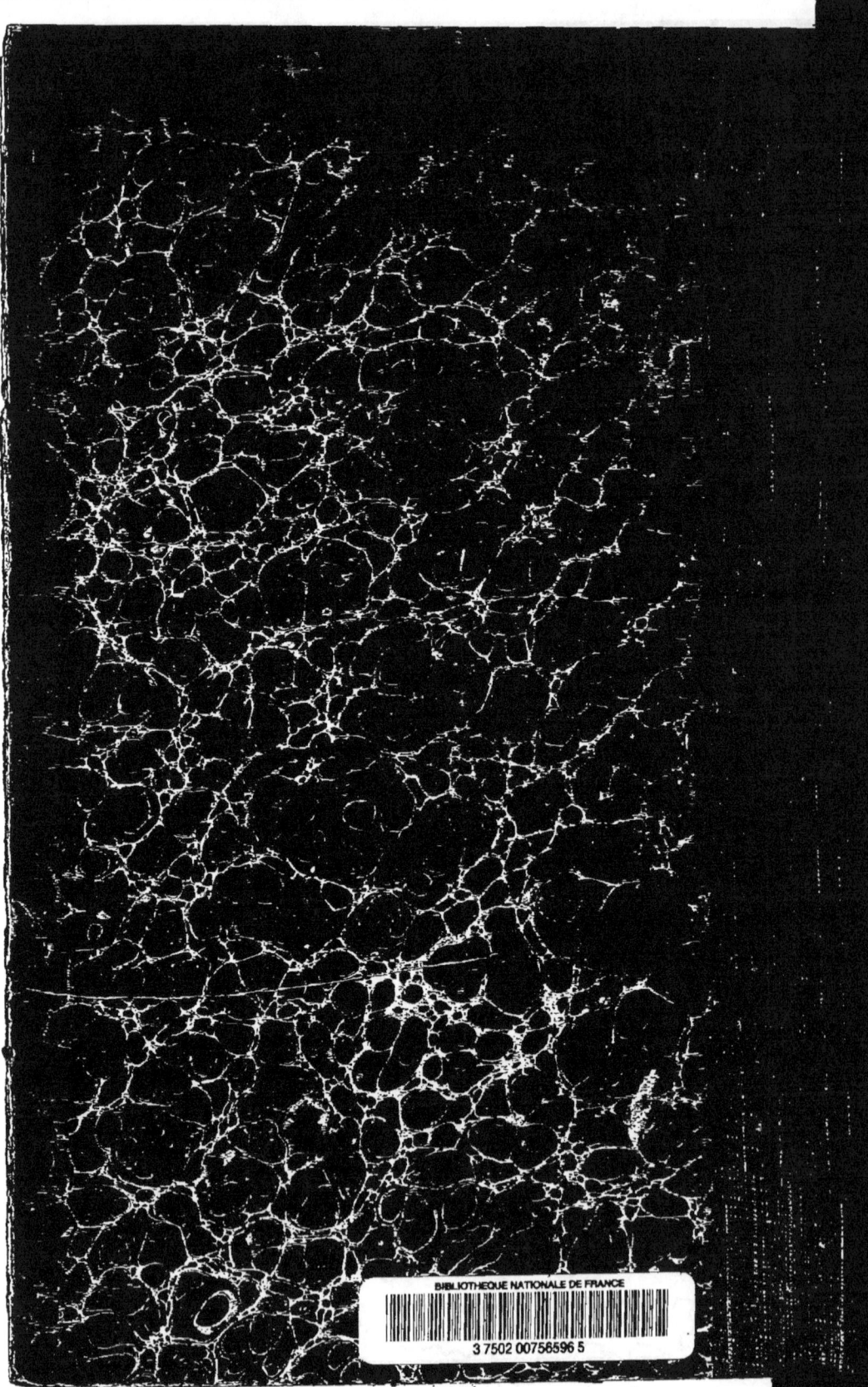

www.ingramcontent.com/pod-product-compliance
Lightning Source LLC
Chambersburg PA
CBHW060149100426
42744CB00007B/961